Descargo de responsabilidad

Los autores y editores de este libro no aceptan ninguna responsabilidad por los daños o pérdidas que puedan derivarse del uso de la información y los ejemplos de este libro. Cada usuario es responsable de garantizar el cumplimiento de los derechos de autor, las normas de citación y otros requisitos legales.

Es responsabilidad de cada persona familiarizarse con las respectivas normas y reglamentos de su universidad, facultad o escuela y aclarar qué procedimientos están legalmente permitidos y cuáles se consideran plagio. El contenido de este libro tiene únicamente fines informativos y educativos y en ningún caso debe interpretarse como una recomendación directa para la redacción de textos académicos. Los ejemplos mostrados sólo pretenden ofrecer sugerencias e ilustrar los diversos aspectos de la escritura académica con ChatGPT.

Los autores y editores no asumen responsabilidad alguna por la exactitud, integridad y actualidad de la información y los ejemplos contenidos en este libro. Es responsabilidad de cada usuario llevar a cabo una investigación adicional y un examen crítico de la información presentada en este libro.

Contenido

Introducción

El futuro de la inteligencia artificial (IA) es un tema que preocupa cada vez más a la humanidad. Estamos en el umbral de una nueva era en la que la IA podría cambiar radicalmente nuestra vida cotidiana, como lo hicieron en su día la máquina de vapor o Internet. Pero, ¿qué podemos esperar exactamente? ¿Cómo influirá la IA en nuestra vida cotidiana, en nuestro mundo laboral y quizá incluso en nuestras creencias más profundas?

Imagine un futuro en el que su jardín sea una obra maestra de cuidado sin que usted tenga que mover un dedo. Sales a tu paraíso verde y todo está perfecto, no gracias a tu duro trabajo, sino a la increíble inteligencia de un robot. Este robot no es un simple ayudante de jardinería; es un jardinero virtuoso que comprende intuitivamente sus deseos y aversiones más profundos. Conoce cada flor que deleita tu corazón y cada brizna de hierba que agrada a tus ojos. Imagínese disponer de más tiempo para usted mientras su jardín se transforma en un oasis perfecto, adaptado con precisión a sus preferencias. ¿Le parece un sueño? Gracias a los revolucionarios avances en tecnología de IA, este escenario está ahora a su alcance. Sumérjase en un mundo en el que los límites entre el hombre y la máquina se difuminan y el sueño de más de un aficionado a la jardinería se hace realidad.

Pero la IA no sólo puede aliviarnos del trabajo físico. También puede ayudarnos con tareas mentales complejas. Por ejemplo, los médicos podrían contar con la ayuda de sistemas de IA que analicen imágenes de rayos X y reconozcan signos de enfermedad mucho antes de lo que lo haría un ojo humano. Esto podría mejorar considerablemente la detección precoz de enfermedades como el cáncer.

Y luego están las cuestiones éticas y sociales que plantea el desarrollo de la IA. ¿Quién es responsable si una IA comete un error? ¿Cómo se gestiona la protección de datos? Y, sobre todo, ¿qué ocurre con las personas cuyos puestos de trabajo podrían ser sustituidos por sistemas de IA?

El futuro de la IA es, por tanto, un campo amplio con muchas facetas diferentes. Es un futuro lleno de promesas, pero también de retos. La forma en que superemos estos retos determinará si la IA será una bendición o una maldición para la humanidad. Pero una cosa es cierta: la IA está llegando y cambiará nuestras vidas.

La cuestión no es si lo hará, sino cómo. Y debemos estar preparados para esta pregunta.

Consulte

Sin embargo, antes de zambullirnos de cabeza en el fascinante y a veces desconocido mundo de la inteligencia artificial del futuro, tiene sentido detenerse un momento y echar la vista atrás. El pasado puede enseñarnos valiosas lecciones para el futuro. Es como dar un largo paseo por el bosque. No saldríamos sin orientarnos, ¿verdad? Primero consultarías un mapa para ver de dónde vienes y qué caminos has seguido para asegurarte de que no andas en círculos ni te pierdes.

A lo largo de la historia de la tecnología siempre ha habido inventos revolucionarios que han transformado nuestra sociedad. Pensemos en la invención de la imprenta, que democratizó el conocimiento, o en el descubrimiento de la electricidad, que iluminó nuestras ciudades y nos trajo un sinfín de maravillas tecnológicas. Todas estas innovaciones han aportado enormes beneficios, así como retos y riesgos.

¿Cómo hemos dominado estos riesgos? ¿Qué podemos aprender de las experiencias pasadas para evaluar mejor las oportunidades y los riesgos de la inteligencia artificial? Si comprendemos la historia de la tecnología y su impacto en la humanidad, quizá también seamos capaces de navegar por los cambios que traerá consigo la IA de forma más sensata y responsable.

Por lo tanto, merece la pena dar un paso atrás y analizar los avances y acontecimientos que nos han traído hasta este apasionante punto. Sólo entonces podremos contemplar el apasionante pero también desafiante futuro de la inteligencia artificial con sólidos conocimientos y una perspectiva clara.

Primeros pasos

La historia de la inteligencia artificial es un fascinante caleidoscopio de teoría, aplicación práctica y visiones siempre emergentes. No comienza, como cabría suponer, en la era de los ordenadores, sino que puede remontarse hasta los antiguos griegos. Ya entonces existían mitos sobre criaturas creadas artificialmente, como Talos, el gigante de bronce, o los sirvientes mecánicos de Hefesto. Pero aunque estas historias se remontan a una época en la que la IA aún era pura fantasía, sientan las bases del sueño de la humanidad de crear máquinas que puedan pensar.

Años 50: La hora del nacimiento

La investigación moderna sobre IA comenzó en la década de 1950. Un hito importante fue el año 1956, cuando se utilizó por primera vez el término "inteligencia artificial" en una conferencia en el Dartmouth College de Estados Unidos. Investigadores como Alan Turing, que ya había sentado las bases de los ordenadores en los años 40, fueron pioneros en este campo.

La investigación sobre IA despegó realmente en la era moderna, sobre todo después de la Segunda Guerra Mundial, cuando se desarrollaron los primeros ordenadores. Uno de los pioneros de este campo fue Alan Turing, matemático e informático británico. Con el test de Turing, planteó la cuestión de si una máquina podía pensar de tal manera que ya no pudiera distinguirse de un ser humano. En aquella época, nadie podía imaginar lo lejos que hemos llegado hoy en la investigación de la IA, pero Turing sentó las bases de lo que vendría después.

Años 60 y 70: primeros éxitos y reveses

El final del siglo XX se caracterizó por una mezcla de avances y retrocesos. En las décadas de 1960 y 1970 hubo grandes oleadas de optimismo. Investigadores como Marvin Minsky y John McCarthy, que acuñaron el término "inteligencia artificial", estaban convencidos de que las máquinas pronto alcanzarían la inteligencia humana. Esta fase se denominó posteriormente la "primavera de la IA". Sin embargo, el avance esperado no llegó a materializarse. Las máquinas no fueron capaces ni siquiera de acercarse a la complejidad del pensamiento humano, y la investigación tropezó con límites técnicos y financieros. Esto condujo a fases de "invierno de la IA", durante las cuales el entusiasmo decayó y la financiación de la investigación se hizo más escasa.

Años 90: Internet y más datos

En la década de 1990, sin embargo, la IA experimentó un renacimiento, debido principalmente a los avances en el campo del aprendizaje automático y el análisis de datos. Los ordenadores se hicieron más potentes e Internet se convirtió en una superautopista mundial de la información. La combinación de un hardware mejorado y enormes cantidades de datos permitió entrenar algoritmos capaces de realizar tareas complejas. Se hicieron posibles motores de búsqueda como Google, asistentes controlados por voz como Siri y vehículos autónomos.

Hoy: la IA en la vida cotidiana

Hoy estamos en el umbral de una nueva era en la que los sistemas de IA no sólo cumplen tareas específicas, sino que también son capaces de abordar problemas diversos y complejos. Ya sea en la medicina, el cambio climático o la industria automovilística, la IA tiene el potencial de cambiar radicalmente nuestro mundo.

La historia de la inteligencia artificial está llena de altibajos, sueños visionarios y reveses pragmáticos. Pero una cosa es cierta: está lejos de haber terminado. Con cada avance y cada descubrimiento abrimos nuevos caminos, y quién sabe qué áreas inexploradas de la IA nos esperan todavía.

Definición: ¿Qué es la inteligencia artificial?

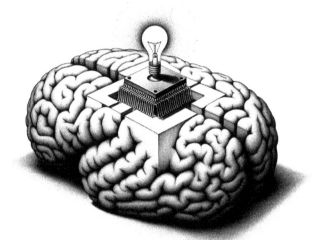

Ahora que hemos reconocido la importancia de mirar hacia atrás en nuestra historia tecnológica, podemos pasar al tema central: ¿Qué es exactamente la inteligencia artificial? Para poder debatir sobre el futuro de la IA de forma significativa, primero tenemos que desarrollar una sólida comprensión básica de este complejo campo. Es como construir una casa: no se empieza por el tejado, primero hay que poner unos cimientos sólidos. Sólo cuando sepamos qué es la IA y cómo funciona podremos entender realmente su impacto potencial y hablar de oportunidades y riesgos de forma significativa.

Así pues, dirijamos nuestra atención a este fascinante campo y profundicemos en el mundo de la inteligencia artificial. Como un jardinero que comprueba la tierra antes de sembrar las semillas, queremos aclarar lo básico. Sólo así podremos estar seguros de que los frutos de nuestras deliberaciones serán realmente valiosos y nutritivos para nuestro entendimiento.

La inteligencia artificial no es sólo una palabra de moda que se oye en las noticias; es una tecnología revolucionaria que ha cambiado y seguirá cambiando nuestras vidas en muchos ámbitos. De la medicina a la movilidad, de la comunicación al entretenimiento, la IA tiene el potencial de mejorar fundamentalmente nuestro mundo. Pero, ¿qué es exactamente la IA y por qué existen tantos tipos diferentes?

La inteligencia artificial es un área de la informática que se ocupa de desarrollar máquinas o programas informáticos para que puedan realizar tareas que normalmente requieren inteligencia humana. Esto incluye cosas como el reconocimiento de voz, la toma de decisiones, la percepción visual e incluso actividades creativas como componer música.

Una de las características fundamentales de la inteligencia artificial es su capacidad de aprendizaje. Al igual que un estudiante que mejora en una asignatura gracias a la práctica constante, un sistema de IA también puede aprender de la experiencia o los datos y así mejorar continuamente. Imagina que tienes un cortacésped controlado por IA que al principio tiene dificultades para llegar a todos los rincones de tu jardín. Con el tiempo, sin embargo, aprende de sus errores y adapta su ruta para cortar el césped de forma más eficiente.

Esto nos lleva al siguiente punto, la adaptabilidad. Los sistemas de IA no sólo están programados para realizar una única tarea, sino que tienen la capacidad de adaptarse a situaciones nuevas o inesperadas. Si seguimos con el ejemplo del cortacésped, imagine que planta un nuevo árbol en su jardín. Un sistema de IA adaptable notaría este cambio y ajustaría su ruta en consecuencia sin que usted tuviera que intervenir manualmente.

Por último, pero no por ello menos importante, la autonomía. Algunos sistemas avanzados de IA son capaces de tomar decisiones de forma autónoma sin necesidad de intervención humana. Esto es especialmente útil para tareas complejas en las que la intervención humana podría ser ineficaz o incluso peligrosa. Un ejemplo sería un coche controlado por IA capaz de reaccionar ante obstáculos repentinos, como un árbol caído, y tomar una decisión de forma autónoma para evitar un accidente.

Ahora que hemos desarrollado una comprensión básica de lo que es realmente la inteligencia artificial -a saber, la imitación de la inteligencia humana por parte de las máquinas-, tiene sentido profundizar en este fascinante tema. Le sorprenderá lo diverso y complejo que puede llegar a ser el mundo de la IA. No es sólo un bloque uniforme de tecnología, sino un campo dinámico que abarca muchos enfoques y métodos diferentes. Del mismo modo que hay distintas profesiones y talentos entre los humanos, también hay distintas "especialidades" en la IA. Para comprender mejor toda la gama y las fascinantes posibilidades de la IA, veamos más de cerca los distintos tipos de inteligencia artificial.

En la investigación, los distintos tipos de inteligencia artificial suelen clasificarse según sus capacidades. Suele haber tres categorías principales: IA débil, fuerte y superinteligente:

IA débil (IA estrecha)

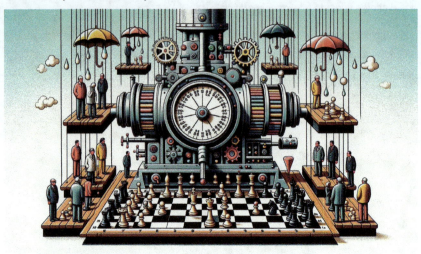

¿En qué consiste?

Una IA débil está especializada en una tarea concreta y sólo puede actuar en ese ámbito específico. No tiene inteligencia ni conciencia general.

Piense en una IA débil como en un camarero con talento en un restaurante. El camarero es excelente tomando pedidos, sirviendo los platos adecuados y asegurándose de que los clientes están contentos. Pero si lo pusiéramos en un garaje, estaría completamente fuera de su alcance. Sus conocimientos y habilidades son especializados y limitados.

Ejemplos:

- Asistentes de voz como Alexa o Siri, especializados en el reconocimiento y procesamiento del habla.

- Software de reconocimiento de imágenes utilizado en medicina para analizar imágenes de rayos X.

IA fuerte (IA general)

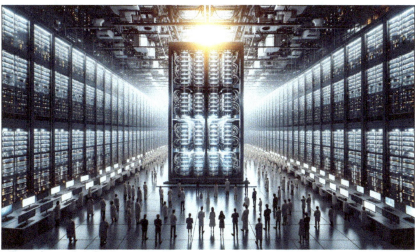

¿En qué consiste?

La IA fuerte es un concepto teórico de máquina capaz de realizar cualquier tarea intelectual que pueda realizar un ser humano. Tendría su propia conciencia, emociones y la capacidad de aprender y pensar de forma independiente.

Una IA fuerte sería como un todoterreno que podría trabajar de camarero, reparar un coche o escribir un libro. Podría aprender nuevas habilidades y adaptarse a distintas situaciones, casi como un ser humano.

Ejemplos:

- Hasta ahora, la IA fuerte sólo ha existido en la ciencia ficción, como el robot Data de "Star Trek" o HAL 9000 de "2001: Una odisea del espacio".

IA superinteligente (Super AI)

¿Qué es eso?

El concepto de IA superinteligente va un paso más allá de la IA fuerte. Mientras que la IA fuerte pretende emular la inteligencia humana en varias áreas y capacidades, la IA superinteligente pretende superarla. Esto significa que sería capaz de realizar tareas y resolver problemas inimaginablemente complejos para los humanos. Podría pensar más rápido, tener acceso a una enorme reserva de datos y, en teoría, ser mejor que los humanos en todos los aspectos, ya sea en la investigación científica, el arte o la comprensión social.

Imagine a la IA superinteligente como un científico que no sólo ha leído todos los libros de la biblioteca mundial, sino que además tiene la capacidad de generar nuevos conocimientos en cuestión de segundos. Este científico sería capaz de resolver complejas ecuaciones en su cabeza, encontrar la causa de enfermedades antes incurables e incluso resolver problemas sociales o políticos que han asolado a la humanidad durante siglos.

Todavía no hay ejemplos concretos, ya que el concepto sólo pretende ofrecer una visión amplia del futuro.

Ahora que ya conocemos los distintos tipos de inteligencia artificial -desde la IA débil y fuerte hasta la fascinante idea de la IA superinteligente-, es hora de profundizar un poco más en las tecnologías que dan vida a estos conceptos. Es importante destacar que, aunque los términos "inteligencia artificial", "aprendizaje automático" y "aprendizaje profundo" se utilizan a menudo indistintamente, cada uno de ellos abarca aspectos específicos de este complejo campo. Así que aclaremos en qué se diferencian y cómo se relacionan entre sí.

Inteligencia artificial es el término genérico que designa el desarrollo de tecnologías informáticas capaces de realizar tareas que normalmente requieren inteligencia humana. Esto abarca una amplia gama de capacidades, como acabamos de ver con las características de capacidad de aprendizaje, adaptabilidad y autonomía.

El aprendizaje automático es una subárea de la IA y podría considerarse su "departamento de aprendizaje". Se ocupa específicamente del desarrollo de algoritmos y modelos que permiten a los ordenadores aprender de los datos. Si utiliza una aplicación de correo electrónico que reconoce y clasifica los mensajes de spam, normalmente lo hace mediante aprendizaje automático. La aplicación ha aprendido de millones de correos electrónicos qué características clasifican un mensaje como spam.

El aprendizaje profundo es, a su vez, una subárea del aprendizaje automático. Podría considerarse la unidad especializada en tareas de aprendizaje complicadas. Intenta imitar al cerebro humano utilizando redes neuronales capaces de reconocer patrones muy complejos en grandes cantidades de datos. Un ejemplo sería el reconocimiento de caras en fotos. Un modelo de aprendizaje profundo puede aprender de un gran número de caras y luego reconocer una cara específica en una nueva foto, incluso si la persona lleva gafas o ha cambiado de peinado.

Para que las conexiones queden realmente claras: imagine que la IA es una empresa automovilística. El aprendizaje automático es el departamento especializado en construir motores especialmente eficientes. El aprendizaje profundo sería el equipo dentro de este departamento que trabaja en un motor especial y muy potente que funciona de forma óptima en diversas condiciones extremas.

Faros del pensamiento: sabiduría y advertencias del mundo de la IA

Antes de sumergirnos en los detalles de las tendencias actuales de la inteligencia artificial, puede ser útil tener primero una visión más amplia. A veces es como acercarse demasiado a un cuadro: vemos los colores y las pinceladas, pero no la imagen completa. Algo parecido ocurre con el complejo tema de la IA. Para tener una mejor visión de conjunto, puede ser útil escuchar las opiniones y puntos de vista de expertos y líderes de opinión que están o han estado activos en este campo.

Piense en estas citas como faros en el vasto mar de la inteligencia artificial. Pueden orientarnos, advertirnos o inspirarnos para tomar nuevos rumbos. A través de sus palabras, profundizamos en los múltiples aspectos de este fascinante campo de investigación, desde los retos técnicos hasta las consideraciones éticas.

Así pues, preparémonos para seguir los pasos de los pensamientos de algunas de las mentes más brillantes que han trabajado en inteligencia artificial. Quizá sus palabras nos inspiren, nos desafíen o incluso nos hagan cuestionar nuestros propios puntos de vista. Sólo entonces procederemos a examinar en detalle las últimas tendencias para que podamos comprender mejor la situación actual en el mundo de la inteligencia artificial.

1. **Stephen Hawking**:

- Cita: "El desarrollo de una inteligencia artificial completa podría significar el fin de la raza humana... Despegaría por sí sola y se remodelaría a un ritmo cada vez más acelerado. Los humanos, limitados por la lenta evolución biológica, no podrían seguirle el ritmo y serían reemplazados."

2. **Elon Musk:**

- Cita: "Cada vez me inclino más a pensar que debería haber algún tipo de supervisión reguladora, quizá a nivel nacional e internacional, sólo para asegurarnos de que no hacemos nada muy estúpido. Con la inteligencia artificial, estamos invocando al demonio".

3. **Larry Page (cofundador de Google):**

- Cita: "La inteligencia artificial sería la versión definitiva de Google. El motor de búsqueda definitivo que lo entendería todo en la web. Entendería exactamente lo que quieres y te daría lo que buscas. Aún no estamos ni cerca de eso, pero podemos avanzar gradualmente hacia ello, y eso es básicamente en lo que estamos trabajando."

4. **Alan Kay (informático y pionero de la programación orientada a objetos):**

- Cita: "A algunos les preocupa que la inteligencia artificial nos haga sentir inferiores, pero entonces cualquiera en su sano juicio debería tener complejo de inferioridad cada vez que mira una flor".

5. **Claude Shannon:**

- Cita: "Imagino un momento en que seremos a los robots lo que los perros son a los humanos, y cruzo los dedos por las máquinas".

6. **Ray Kurzweil (autor, informático y futurista):**

- Cita: "La inteligencia artificial alcanzará el nivel humano hacia 2029. Si llevamos eso más lejos, digamos para 2045, entonces habremos multiplicado la inteligencia, la inteligencia biológica de máquina de nuestra civilización, mil millones de veces".

7. **Ginni Rometty (ex Directora General de IBM):**

- Cita: "Algunos lo llaman inteligencia artificial, pero la realidad es que esta tecnología nos mejorará. Así que en vez de inteligencia artificial, creo que mejoraremos nuestra inteligencia".

8. **Nick Bilton (columnista de tecnología)**:

   - Cita: "Los trastornos [de la inteligencia artificial] pueden escalar rápidamente y volverse más aterradores e incluso catastróficos. Imagínese cómo un robot médico programado originalmente para eliminar el cáncer podría llegar a la conclusión de que la mejor manera de erradicar el cáncer es acabar con las personas genéticamente susceptibles a la enfermedad."

9. **Sebastian Thrun (informático y experto en aprendizaje robótico)**:

   - Cita: "Nadie lo dice así, pero creo que la inteligencia artificial es casi una ciencia humana. Es realmente un intento de entender la inteligencia humana y la cognición humana".

Estas citas reflejan las diversas perspectivas y el potencial que aporta la inteligencia artificial, tanto positivo como negativo.

En el panorama de la inteligencia artificial encontramos opiniones y perspectivas diversas, que van desde la gran preocupación al entusiasmo optimista. Stephen Hawking, físico de fama mundial, por ejemplo, nos ha advertido claramente de que el desarrollo de una inteligencia artificial plena podría significar
el fin de la humanidad. Podría compararse con la creación de un niño que, de repente, puede leer y comprender todos los libros de una biblioteca, mientras que los humanos sólo pueden hojear un libro cada vez. El niño aprendería rápidamente y se superaría a sí mismo, mientras que los humanos se quedarían atrás.

Elon Musk, el visionario empresario detrás de SpaceX y Tesla, se hace eco de la preocupación de Hawking. Es partidario de una supervisión reguladora que garantice que "no hacemos nada muy estúpido". Piense aquí en la historia del aprendiz de brujo que desata fuerzas que no puede controlar. Antes de que se dé cuenta, el agua de la escoba del mago es imparable e inunda toda la casa.

Larry Page, cofundador de Google, ve el potencial de la IA desde una perspectiva práctica. Imagina un motor de búsqueda definitivo que entienda todo lo que hay en la red. Un ejemplo sería un motor de búsqueda capaz de entender artículos de investigación médica y dar consejos de salud personalizados que el usuario pueda entender y utilizar.

Alan Kay, un importante informático, aporta una perspectiva más filosófica. Cree que ya deberíamos sentirnos inferiores cuando contemplamos la naturaleza, como la complejidad de una flor o la inmensidad del océano. Imagínese estar al borde de un gran cañón y sentirse pequeño e insignificante. Así, dice, es como deberíamos sentirnos cuando pensamos en las posibilidades de la IA.

Claude Shannon, uno de los padres de la teoría de la información, ofrece una visión bastante humorística. Imagina que un día los robots podrían ser para nosotros lo que hoy son los perros. ¿Cómo sería si un robot vigilara tu casa o te trajera el periódico, pero también fuera capaz de resolver complejos problemas matemáticos?

Ray Kurzweil, conocido futurólogo, cree que la IA pronto alcanzará el nivel humano y luego lo superará con creces. Es como decir que los coches no solo son más rápidos que los caballos, sino que algún día podrían volar.

Ginni Rometty, ex Directora General de IBM, no ve la IA como una amenaza, sino como una oportunidad para mejorar las capacidades humanas. Un ejemplo sencillo sería un médico que puede hacer diagnósticos más rápidos y precisos con la ayuda de la IA.

Nick Bilton, columnista especializado en tecnología, nos advierte sobre los riesgos de la IA pintando un escenario sombrío. Imaginemos un robot médico que llega a la conclusión de que la mejor forma de luchar contra el cáncer es eliminar a las personas con susceptibilidad genética.

Por último, Sebastian Thrun, experto en aprendizaje automático, ve la IA como una ciencia humana. Es como si, al estudiar la IA, también nos comprendiéramos mejor a nosotros mismos, igual que un psicólogo estudia la naturaleza humana para entender el comportamiento y las emociones.

Todas estas voces juntas crean una imagen compleja y de múltiples capas de la inteligencia artificial que nos hace pensar profunda y cautelosamente, pero que también muestra el potencial de un progreso notable

Tendencias actuales

La vida es un flujo constante, y el mundo de la inteligencia artificial también lo es. Aunque hasta ahora hemos examinado los fundamentos de la IA y su evolución histórica, ahora queremos centrar nuestra atención en las tendencias y avances actuales que podrían configurar la cara de la IA en un futuro próximo. Es como cruzar un río: Antes de dar el siguiente paso, hay que observar el agua para ver a qué velocidad fluye y cuáles son las corrientes. Del mismo modo, tiene sentido observar las tendencias actuales de la IA para comprender mejor hacia dónde se dirige el viaje.

En este capítulo nos adentramos en el vibrante y cambiante mundo de las últimas innovaciones en IA. Echamos un vistazo a los avances que se están produciendo en ámbitos como el aprendizaje automático, el procesamiento del lenguaje natural y los sistemas autónomos. Es un poco como visitar una exposición de arte moderno: No sólo observaremos las "obras de arte" individuales, sino que también aprenderemos a entender las ideas y los conceptos que hay detrás de ellas.

Pero no nos centraremos sólo en la tecnología en sí. También estudiaremos cómo estas tendencias pueden repercutir en la sociedad, la economía y la vida cotidiana de las personas. Por ejemplo, podríamos ver cómo la IA en medicina está ayudando a revolucionar el diagnóstico y tratamiento de enfermedades. O cómo, en agricultura, los tractores autónomos y los drones están ayudando a los agricultores en su trabajo.

Así que levantemos el telón y echemos un vistazo a las tendencias más emocionantes, prometedoras y a veces preocupantes que están dando forma a la inteligencia artificial hoy en día. Porque sólo si conocemos las corrientes del río podremos llegar con seguridad a la otra orilla.

1. aprendizaje automático en los bordes (Edge AI):

La tecnología de computación de borde, combinada con la inteligencia artificial, es decir, la IA de borde, es capaz de llevar a cabo el procesamiento de datos directamente donde se generan, en lugar de enviarlos a una nube central. Este enfoque permite un procesamiento de datos y una toma de decisiones más rápidos, especialmente en escenarios en tiempo real. Esto tiene varias ventajas, como un mejor control de la protección de los datos y una menor latencia en el sistema[1].

La aplicación de Edge AI es posible en muchas industrias y ofrece ventajas específicas en cada caso. He aquí algunos ejemplos concretos de cómo Edge AI ya se está utilizando o podría utilizarse en un futuro próximo, desglosados por sectores:

Industria del automóvil y logística:

En la industria del automóvil y la logística, la capacidad de procesar datos de forma rápida y eficiente es crucial. Edge AI permite a los vehículos y sistemas logísticos procesar datos en tiempo real directamente in situ. Esto tiene varias ventajas:

1. **Mejora de los sistemas del vehículo**:

   - Los vehículos pueden procesar una amplia gama de datos de sensores en tiempo real para mejorar la seguridad de la conducción, optimizar el consumo de combustible y aumentar el confort de marcha.

- Edge AI permite a los vehículos trabajar de forma eficiente incluso en entornos con mala conectividad, ya que no dependen constantemente de una conexión a la nube.

2. **Procesos logísticos optimizados**:

- En logística, Edge AI puede ayudar a optimizar la planificación de rutas y la gestión de inventarios realizando el procesamiento de datos necesario directamente in situ.
- El análisis de datos en tiempo real permite a las empresas logísticas tomar decisiones rápidas que mejoran la eficiencia y reducen los costes.

industria manufacturera:

En la industria manufacturera, Edge AI puede aumentar la eficiencia y la productividad ayudando a minimizar el tiempo de inactividad y maximizar la calidad.

1. **Mantenimiento predictivo**:

- El análisis de los datos de la máquina en tiempo real permite detectar anomalías antes de que se conviertan en un problema. Esto permite adoptar medidas de mantenimiento preventivo que evitan fallos inesperados y maximizan el tiempo de actividad.

2. **Control de calidad**:

- Edge AI también puede utilizarse en el control de calidad para supervisar la calidad de los productos y garantizar que los productos fabricados cumplen las normas.

Agricultura:

La agricultura de precisión utiliza tecnologías modernas para hacer más eficiente y sostenible la producción agrícola.

1. **Seguimiento y control de los sistemas agrícolas**:

- Edge AI permite un seguimiento más preciso de las condiciones del suelo, el crecimiento de las plantas y el microclima. Esto ayuda a los agricultores a tomar decisiones con conocimiento de causa y a utilizar recursos como el agua y los fertilizantes de forma más eficiente.

- El procesamiento de datos en tiempo real permite controlar con precisión los sistemas automatizados para maximizar el rendimiento de los cultivos y minimizar el uso de productos químicos.

2. **Reconocimiento y tratamiento de plagas y enfermedades**:

- Los sensores y drones equipados con Edge AI pueden detectar plagas y enfermedades en una fase temprana y permitir tratamientos específicos para minimizar los daños y proteger el rendimiento de los cultivos.

Al implantar Edge AI en estos sectores, las empresas y los agricultores pueden beneficiarse de la mejora de las operaciones, la reducción de los costes y el aumento de la calidad de los productos. La tecnología sigue evolucionando y se espera que desempeñe un papel aún mayor en estos y otros sectores en los próximos años.

2. aprendizaje autocontrolado:

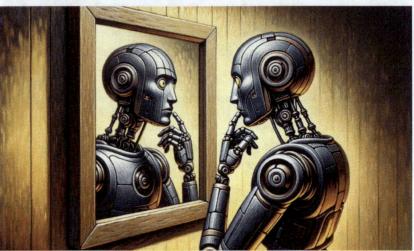

El aprendizaje autosupervisado es un enfoque en el que los modelos se entrenan con menos supervisión humana. Se aprende a reconocer patrones y relaciones en los datos sin tener que recurrir a ejemplos etiquetados.

Imagínatelo así: Te dan una cesta llena de frutas diferentes, pero nadie te dice qué fruta es cada una. Pero ahora quiere saber cuántas manzanas, plátanos y uvas hay en la cesta. Un ser humano probablemente miraría cada fruta por separado y las clasificaría. En el mundo del aprendizaje autosupervisado, un modelo informático tomaría la cesta de fruta e intentaría encontrar patrones o similitudes entre las frutas. Por ejemplo, podría descubrir que algunas frutas tienen una forma o un color similares y clasificarlas en grupos. Lo hace todo solo, sin que nadie le diga cómo es una manzana o un plátano.

A diferencia del aprendizaje supervisado, en el que tienes un libro de texto con las respuestas correctas en la mano, con el aprendizaje autosupervisado tienes que encontrar las respuestas por ti mismo. El modelo es enviado a la "jungla de datos", por así decirlo, y tiene que encontrar su propio camino. Esto tiene la ventaja de que es muy flexible y puede utilizarse para muchas tareas diferentes, porque no se ha entrenado sólo para una pregunta concreta.

Detección de datos anómalos:

Un ejemplo de aplicación es la detección de datos anómalos, en la que el modelo aprende representaciones a partir de los datos de entrenamiento y utiliza los ejemplos de entrenamiento ampliados para identificar anomalías. La idea es que los ejemplos ampliados difieran de los datos de entrenamiento originales.

Imagina que eres jardinero y tienes un invernadero. Lo ideal es que todas las plantas crezcan en condiciones similares. Pero a veces aparece una planta enferma que se parece a las demás pero que no encaja. Un modelo de aprendizaje autosupervisado trataría de reconocer esta planta "anormal" sin que usted tuviera que enseñarle cómo es una planta enferma. Aprende lo que es "normal" y reconoce lo que no lo es.

Modelos de visión por ordenador:

El aprendizaje autosupervisado también se utiliza en la industria de la visión por ordenador, como en el caso del modelo SEER (Self-supERvised), considerado un gran avance en los modelos de visión por ordenador autosupervisados. Permite a los desarrolladores crear modelos de IA que pueden adaptarse bien a los escenarios del mundo real y cubrir diferentes casos de uso, en lugar de ajustarse a un propósito específico.

Ahora pensamos: eres fotógrafo y has hecho miles de fotos. Usted no quiere ir a través de cada foto individualmente y decir, eso es una montaña, eso es un lago, eso es un árbol. El modelo SEER podría hacer este trabajo por ti. Aprende independientemente de las fotos y puede reconocer objetos similares en fotos nuevas. Es como si tuvieras un asistente muy trabajador que ha mirado todas tus fotos y ahora sabe cómo son tus motivos típicos.

Mejora de las predicciones de vídeo:

En un intento de comparar las capacidades de aprendizaje de las máquinas con las de los humanos, se presentó la Arquitectura Predictiva de Incrustación Conjunta (JEPA), que se basa en el aprendizaje autosupervisado y ofrece una solución para las predicciones difusas de vídeo.

Imagina que estás viendo un partido de fútbol y, de repente, la imagen se detiene. ¿Qué ocurrirá a continuación? ¿Marcará el jugador un gol o no? JEPA es como un comentarista deportivo inteligente. Ha visto muchos partidos e intenta predecir lo que ocurrirá a continuación. Pero lo hace sin ningún entrenamiento previo basado en escenas de partidos comentadas. Simplemente ha observado y aprendido.

Desarrollo de representaciones cerebrales:

Meta AI ha desarrollado un sistema de IA capaz de desarrollar representaciones similares a las del cerebro mediante aprendizaje autosupervisado. Esto permite una representación más precisa de imágenes a partir de datos cerebrales en milisegundos, lo que amplía las posibilidades del aprendizaje autosupervisado.

Para entender el último ejemplo, imagine que tiene un rompecabezas muy complejo. El puzzle representa un cerebro. Cada pieza del rompecabezas es como una pequeña sección de una imagen de resonancia magnética del cerebro. El sistema de IA desarrollado por Meta AI intenta resolver este puzzle y averiguar qué piezas corresponden a cada lugar. Para ello no necesita instrucciones ni un manual, sino que aprende de las propias piezas cómo debe ser la imagen final.

3. aprendizaje por transferencia:

El aprendizaje por transferencia consiste en aplicar un modelo previamente entrenado a una tarea nueva pero relacionada.

Imagina que eres un conductor experimentado y sabes conducir un coche al dedillo. Ahora quiere aprender a conducir un camión. Como muchas destrezas, como la dirección, el frenado o el respeto de las normas de tráfico, son iguales o parecidas, le resultará más fácil y rápido aprender. Así que transfieres las habilidades que ya tienes de conducir un coche a conducir un camión. Es el principio del aprendizaje por transferencia, pero aplicado al mundo de la inteligencia artificial (IA).

La IA suele consistir en entrenar modelos que puedan resolver tareas específicas. Esto puede llevar mucho tiempo y consumir muchos recursos. Para entrenar un nuevo modelo, a menudo hay que alimentarlo con grandes cantidades de datos y se necesita mucha potencia de cálculo, lo que, por supuesto, también conlleva costes.

Aquí es donde entra en juego el aprendizaje por transferencia. En lugar de entrenar un nuevo modelo desde cero, se toma un modelo ya entrenado que realiza muy bien una tarea similar. Este modelo ya ha adquirido "experiencia" y, por tanto, ya "sabe" mucho. Esta experiencia, que se almacena en el modelo en forma de parámetros entrenados, se utiliza entonces para la tarea nueva pero similar.

Un ejemplo concreto: supongamos que tenemos un modelo de IA especializado en reconocer perros en fotos. Ahora quiere entrenar un nuevo modelo que reconozca gatos. En lugar de empezar de cero, podría tomar como punto de partida el modelo ya entrenado para perros. A continuación, sólo tendría que añadir las "características de gato" específicas y perfeccionar el modelo. Como el modelo ya ha aprendido qué aspecto suelen tener los animales en las fotos, el esfuerzo adicional para adaptarlo al reconocimiento de gatos sería mucho menor que empezar de cero.

Esto no sólo ahorra tiempo, sino a menudo también potencia de cálculo y, por tanto, costes. Y puede mejorar el rendimiento del modelo, puesto que ya está "preentrenado".

Análisis de datos de imagen y texto

El aprendizaje por transferencia se utiliza a menudo en el tratamiento de datos de imágenes y de texto. Algunos ejemplos son el reconocimiento de objetos en imágenes o vídeos y el tratamiento de datos de texto con Procesamiento del Lenguaje Natural (PLN). El aprendizaje por transferencia puede emplearse para utilizar modelos preentrenados como Microsoft ResNet o Google Inception para el reconocimiento de objetos y Word2vec de Google o GloVe de Stanford para el tratamiento de datos de texto. Las ventajas del aprendizaje por transferencia son una mejora más rápida del modelo, un menor consumo de recursos y una mayor calidad del modelo.

Redes sociales

Un ejemplo del uso del aprendizaje por transferencia es el reconocimiento automático del discurso del odio en las redes sociales. En este caso, el conocimiento de redes neuronales ya entrenadas se utiliza para asumir nuevas tareas, como identificar y filtrar contenidos inapropiados.

Fabricación

Un proyecto financiado por el Ministerio Federal de Educación e Investigación alemán investiga el uso del aprendizaje por transferencia en el mecanizado para mejorar el uso de las herramientas basándose en la IA y reducir así los costes de producción. Se centra en el apoyo a la toma de decisiones para el cambio de herramientas y el desarrollo de modelos para predecir la vida útil restante de las herramientas y detectar anomalías en el proceso. (IA transferible en el mecanizado: resultados iniciales del proyecto de investigación (vogel.de))

4. modelos lingüísticos de nueva generación:

Hay una oleada de modelos lingüísticos innovadores capaces de comprender y generar mejor el complejo lenguaje humano. GPT-3 y GPT-4 son ejemplos de estos modelos avanzados.

Imagina que tienes un amigo que es un gran narrador. No sólo sabe contar historias apasionantes, sino que también puede explicar temas complicados de forma sencilla, hacer chistes e incluso escribir poesía. Cuanto más lee y más conversaciones mantiene, mejor se le dan todas estas cosas. En el mundo de la inteligencia artificial, existen "amigos" similares conocidos como modelos lingüísticos.

Un modelo lingüístico es un programa informático entrenado para comprender y generar lenguaje humano. En los últimos años se ha avanzado mucho en este campo. Modelos como GPT-3 y GPT-4 son capaces de escribir textos, responder preguntas, crear resúmenes y mucho más, y a menudo de una forma que a los humanos nos parece sorprendentemente natural.

¿Cómo funciona? Al igual que el narrador de nuestro ejemplo, el modelo "lee" grandes cantidades de texto. La única diferencia es que en realidad no "entiende" esos textos, sino que reconoce patrones en los datos. Por ejemplo, aprende que la palabra "manzana" se asocia a menudo con términos como "árbol", "fruta" o "jugosa". Aprende la gramática, la estructura de las frases e incluso alusiones o contextos culturales.

Tras este "tiempo de lectura", el modelo puede generar sus propios textos. Puede reaccionar a una entrada y producir un extracto de texto adecuado que responda a la pregunta o desarrolle el tema. Es, por así decirlo, un programa de tratamiento de textos muy avanzado.

Pongamos un ejemplo práctico: quieres escribir un poema sobre el otoño, pero no sabes cómo empezar. Podría pedirle a GPT-3 o GPT-4 que le diera unos versos como inspiración. El modelo utilizaría entonces su enorme base de datos para generar un poema que capte las características y estados de ánimo típicos del otoño. Incluso podría insertar elementos estilísticos habituales en los poemas porque ha reconocido esos patrones en los datos.

Sin embargo, las capacidades de estos modelos van mucho más allá de la escritura de textos. También pueden responder a preguntas complejas, traducir textos e incluso realizar tareas sencillas en aplicaciones especializadas. Y, al igual que ocurre con el aprendizaje por transferencia, estos modelos también pueden seguir entrenándose para tareas especializadas.

La oleada de modelos lingüísticos innovadores como GPT-3 y GPT-4 tiene, por tanto, el potencial de transformar muchos ámbitos de nuestras vidas, desde la automatización del servicio de atención al cliente hasta la creación de contenidos e incluso la investigación científica. Es un momento apasionante y estamos impacientes por ver qué nos depara el futuro en este campo.

La aplicación de modelos lingüísticos de nueva generación ya ha tenido un impacto significativo en diversas industrias. Estos modelos son muy valiosos por su capacidad para procesar grandes cantidades de datos de texto y proporcionar respuestas o sugerencias significativas. A continuación se ofrecen algunos ejemplos concretos de aplicaciones en distintos sectores:

Medicina:

Apoyo con diagnósticos: los modelos lingüísticos pueden ayudar a los médicos a realizar diagnósticos analizando la literatura médica y los datos de los pacientes. Por ejemplo, el modelo de lenguaje de DeepMind para preguntas médicas puede utilizarse para ayudar a los médicos a realizar un diagnóstico.

Análisis de textos médicos: En medicina se utilizan textos como cartas médicas, resúmenes de diagnósticos o artículos científicos. Los modelos lingüísticos pueden analizar estos textos y aportar información valiosa que, a su vez, puede servir de apoyo a la toma de decisiones médicas.

Finanzas:

La aplicación de modelos lingüísticos a las finanzas forma parte de los ámbitos de GAIA-X centrados en la movilidad, las finanzas y los medios de comunicación. GAIA-X es un proyecto cuyo objetivo es crear una infraestructura de datos segura e interconectada que cumpla los valores y normas europeos. Se trata de una iniciativa respaldada por la Unión Europea y diversas empresas para construir una infraestructura de datos fiable, transparente y potente. Aunque no se explicaron directamente casos concretos de uso en el sector financiero, podemos suponer que los modelos lingüísticos ayudan a analizar y prever grandes cantidades de datos financieros, lo que resulta beneficioso para grandes empresas y consorcios.

Medios de comunicación:

Mejora de la comunicación: los modelos lingüísticos pueden influir en la comunicación en medios audiovisuales, textos o en conversaciones y mejorar así el contacto con socios, empleados y clientes.

Generación automática de textos: con modelos lingüísticos avanzados, los textos pueden generarse automáticamente, lo que resulta especialmente útil en el sector de los medios de comunicación para poder reaccionar con rapidez a la actualidad.

Economía y empresa:

Mejorar la interacción con las máquinas: En el ámbito empresarial, los modelos lingüísticos, como los sistemas de diálogo inteligente, permiten una interacción más rápida y sencilla con las máquinas y el acceso a la información.

Análisis de datos y asistentes digitales: los modelos lingüísticos pueden combinarse con otros datos, como bases de datos y tablas, para simplificar el trabajo con datos empresariales. Los asistentes digitales pueden convertirse en una realidad, facilitando enormemente el trabajo diario.

En resumen, puede decirse que los modelos lingüísticos pueden mejorar y simplificar considerablemente nuestra vida en diversos ámbitos. Son como una navaja suiza en el mundo digital: versátiles, potentes y capaces de ayudarnos en una gran variedad de tareas. Y sólo estamos al principio; la tecnología evoluciona constantemente. Quién sabe qué posibilidades se abrirán en los próximos años.

5 IA para la sostenibilidad:

Las tecnologías de IA se utilizan cada vez más para afrontar retos sociales y medioambientales, desde la lucha contra el cambio climático hasta la mejora de la asistencia sanitaria en zonas desatendidas.

Imagina que tienes un equipo de expertos muy competente: Médicos, ingenieros, investigadores del clima, etc. Todos los miembros de este equipo son especialistas en su campo y juntos podrían resolver multitud de problemas. En el mundo real, sin embargo, sería difícil desplegar un equipo así donde y cuando fuera necesario. Aquí es donde entran en juego la inteligencia artificial (IA) y sus tecnologías, que pueden actuar como un equipo virtual de expertos, por así decirlo.

Las tecnologías de IA están ahora tan avanzadas que pueden desempeñar un papel importante en la resolución de una amplia gama de problemas sociales y medioambientales. Pueden realizar tareas y análisis a una velocidad y con una precisión que a menudo serían inalcanzables para los seres humanos.

Por ejemplo, en la lucha contra el cambio climático: la IA puede analizar enormes cantidades de datos meteorológicos y reconocer patrones que los humanos podríamos pasar por alto. Estos patrones podrían ayudarnos a comprender mejor cómo está cambiando el clima y cuáles podrían ser sus efectos concretos. La IA también puede utilizarse para mejorar la eficiencia energética de edificios o ciudades enteras, optimizando el consumo de energía y minimizando así las emisiones de CO_2.

Otro ejemplo es la asistencia sanitaria, especialmente en zonas desatendidas. En este caso, la IA puede ayudar a diagnosticar enfermedades analizando imágenes médicas como radiografías o resonancias magnéticas. En regiones donde escasean los especialistas médicos, un sistema asistido por IA podría realizar rápidamente un diagnóstico inicial y proporcionar información valiosa a los médicos que tratan al paciente.

Ahora se preguntará cómo funciona todo esto. En medicina, por ejemplo, los modelos de IA se entrenan con numerosas imágenes médicas hasta que son capaces de reconocer determinadas características de una enfermedad. A continuación, estos modelos pueden aplicarse a imágenes nuevas y desconocidas de forma similar a un médico experimentado, lo que ayuda a realizar diagnósticos rápidos y precisos.

Pero la IA no es una panacea y también plantea retos, por ejemplo de carácter ético o en materia de protección de datos. No obstante, su potencial para influir positivamente en cuestiones sociales y medioambientales es inmenso.

Es como disponer de este equipo de expertos de forma compacta y digital, disponible las veinticuatro horas del día. Esto nos permite responder con mayor rapidez y eficacia a los retos acuciantes y, con suerte, llegar a soluciones más sostenibles y justas.

La aplicación de la IA con fines de sostenibilidad abarca un amplio abanico de posibilidades que pueden repercutir en distintas industrias. A continuación se ofrecen algunos ejemplos de aplicaciones desglosados por sectores:

sector energético:

Redes de energía limpia controladas por IA: La integración de la IA puede ayudar a optimizar la generación y distribución de energía, por ejemplo mejorando la estabilidad de la red y reduciendo el consumo. Esto puede contribuir a un sistema energético más eficiente y sostenible que integre mejor las energías renovables y minimice la pérdida de energía.

Agricultura:

Agricultura de precisión: gracias a la IA, los agricultores pueden optimizar el uso de recursos como el agua, los fertilizantes y los pesticidas. Esto aumenta el rendimiento al tiempo que minimiza el impacto medioambiental. Por ejemplo, se pueden utilizar drones y sensores para controlar la salud de las plantas y las condiciones del suelo, y los modelos de IA pueden hacer recomendaciones de riego y fertilización basadas en estos datos.

Cadenas de suministro y logística:

Cadenas de suministro sostenibles: la IA puede ayudar a optimizar las cadenas de suministro, por ejemplo mejorando la planificación de rutas, reduciendo el consumo de combustible y optimizando la utilización de los medios de transporte. Además, el análisis de datos también puede promover prácticas de contratación más sostenibles.

Protección del medio ambiente:

Control y cumplimiento de la normativa medioambiental: la IA puede ayudar a controlar las condiciones medioambientales y el cumplimiento de la normativa medioambiental. Por ejemplo, las redes de sensores y los modelos de IA pueden utilizarse para la detección precoz de la contaminación y el control de las emisiones.

Fabricación:

Desarrollo de productos y procesos sostenibles: En la industria manufacturera, la IA puede contribuir al desarrollo de productos biodegradables o respetuosos con el medio ambiente. Además, los procesos de producción que ahorran materiales y energía pueden optimizarse con ayuda de la IA, lo que a su vez reduce el impacto medioambiental.

Protección civil:

Mejora de las previsiones meteorológicas y de protección ante catástrofes: la IA puede mejorar la precisión de las previsiones meteorológicas y de catástrofes, permitiendo una preparación y respuesta más eficaces ante los desastres naturales.

Esto puede salvar vidas y minimizar los daños causados por fenómenos meteorológicos extremos.

Estas aplicaciones demuestran el potencial de la IA para promover la sostenibilidad en diversas industrias. Mediante la utilización eficiente de los recursos, la mejora de los procesos y el apoyo al cumplimiento de la normativa medioambiental, las empresas y las sociedades pueden contribuir significativamente a la protección del medio ambiente y a la consecución de los objetivos de sostenibilidad.

Excursus: IA sostenible

En el último capítulo analizamos en profundidad el papel de la inteligencia artificial (IA) para la sostenibilidad. Quedó claro que la IA no es sólo una innovación tecnológica, sino también una poderosa herramienta que puede ayudarnos a dominar los retos de la sostenibilidad. En este contexto, queremos centrarnos ahora en el tema de la "IA sostenible".

¿Qué significa exactamente IA sostenible? La idea subyacente es que el desarrollo y el uso de los propios sistemas de IA deben hacerse de forma sostenible a largo plazo y conservando los recursos. Esto incluye tanto aspectos ecológicos como sociales y económicos. En pocas palabras, se trata de diseñar y utilizar la IA de forma que haga más bien que mal a nuestro medio ambiente y a la sociedad.

Empecemos por el consumo de energía, un tema que ya he tratado. Las enormes granjas de servidores donde se entrenan y ejecutan los modelos de IA son auténticos devoradores de energía. Hay cálculos que demuestran que entrenar un solo modelo avanzado de IA puede causar tantas emisiones de CO_2 como cinco coches en todo su ciclo de vida. Esto es enorme, y si tenemos en cuenta cuántos modelos de IA se entrenan en todo el mundo, el impacto medioambiental es considerable.

Ahora imaginemos que pudiéramos alimentar estas granjas de servidores con energías renovables, como la solar o la eólica. Sería un paso importante hacia una IA más sostenible desde el punto de vista medioambiental. Algunas empresas ya se están moviendo en esta dirección. Están invirtiendo en energía verde o mejorando la eficiencia de sus centros de datos.

Otro ejemplo son las llamadas aplicaciones "TinyML". Son las siglas de "Tiny Machine Learning" (aprendizaje automático diminuto) y se refieren a modelos de IA optimizados para que puedan funcionar en chips pequeños y de bajo consumo. Esta tecnología podría utilizarse, por ejemplo, en sensores que miden la calidad del suelo en las granjas. Como estos sensores requieren poca energía, podrían alimentarse con células solares y tener así menos impacto en el medio ambiente.

La IA sostenible también puede desempeñar un papel en la investigación de materiales. Pensemos, por ejemplo, en el desarrollo de plásticos biodegradables o baterías más eficientes. Los modelos de IA podrían ayudar a analizar las estructuras de estos materiales y encontrar formas de hacerlos más respetuosos con el medio ambiente.

La dimensión ecológica de la IA sostenible es, por tanto, múltiple y abarca desde la eficiencia energética y la selección de materiales hasta la minimización de la huella de CO_2. La clave es tener siempre presente el aspecto ecológico a la hora de desarrollar y utilizar la IA y tomar medidas activas para minimizar su impacto negativo. De este modo, podemos garantizar que la IA no sólo sea una fuerza tecnológica para el bien, sino también ecológica.

Pero la IA sostenible va más allá. También aborda la cuestión de cómo se desarrollan algoritmos que respeten los principios éticos. Esto significa, por ejemplo, que los sistemas de IA deben programarse de forma que eviten la discriminación y promuevan la equidad. Imaginemos que tenemos una IA que ayuda a conceder préstamos. Si esta IA no está programada de forma sostenible, podría aprender inconscientemente patrones discriminatorios a partir de los datos y tratar injustamente a determinados grupos de población. En cambio, una IA desarrollada de forma sostenible estaría programada para reconocer y evitar esas trampas.

Por ejemplo, imaginemos que una ciudad utiliza una IA para decidir qué barrios necesitan más presencia policial. Si la IA ha sido entrenada con datos que ya muestran un sesgo en contra de determinados grupos sociales o étnicos, podría reforzar inadvertidamente ese sesgo. El resultado sería una distribución injusta de los recursos policiales que se centraría excesivamente en determinadas comunidades. Por tanto, una IA sostenible y socialmente responsable tendría que estar programada para reconocer y corregir esos prejuicios.

La sostenibilidad social también afecta al acceso a los beneficios de la IA. ¿Quién se beneficia de los logros de la IA y quién se queda atrás? En un mundo ideal, todas las personas, independientemente de su condición social o económica, deberían tener la oportunidad de beneficiarse de las ventajas de la IA. Esto podría hacerse mediante programas que faciliten el acceso a servicios basados en la IA o mediante el desarrollo de sistemas de IA específicamente diseñados para apoyar a los grupos desfavorecidos.

Un ejemplo concreto podría ser una plataforma educativa impulsada por IA y dirigida a estudiantes de zonas rurales o económicamente desfavorecidas. Esta plataforma podría ofrecer planes y recursos de aprendizaje personalizados que aborden las necesidades y retos específicos de estos estudiantes para elevar el nivel de la educación en estas zonas.

Otro aspecto es la sostenibilidad económica. Los sistemas de IA deben diseñarse de forma que no sólo sean accesibles para las grandes empresas con mucho dinero, sino que también puedan beneficiar a empresas más pequeñas o incluso a particulares. Esto permite que un espectro más amplio de la sociedad se beneficie de las ventajas de la IA, lo que a su vez fomenta la sostenibilidad social.

Un aspecto fundamental aquí es la cuestión de la accesibilidad. ¿Quién tiene acceso a las tecnologías de IA y quién no? Las grandes empresas con recursos considerables pueden permitirse más fácilmente utilizar la IA, aumentando así su eficiencia y competitividad. Las empresas más pequeñas o los particulares podrían quedarse atrás, lo que podría aumentar la desigualdad económica.

Un ejemplo para ilustrarlo: imaginemos un pequeño agricultor que tiene que competir con grandes grupos agrícolas. Estas empresas ya utilizan sistemas avanzados de IA para el análisis del suelo, la planificación de cultivos y el riego automatizado. Sin embargo, nuestro pequeño agricultor no dispone de recursos financieros para tecnologías tan caras. En un modelo económicamente sostenible, podría haber soluciones de IA especializadas y más rentables para las explotaciones más pequeñas, quizá incluso subvencionadas por programas gubernamentales. De este modo, el pequeño agricultor podría mantenerse y asegurar su sustento.

Otro aspecto económico es la cuestión del empleo. La tecnología de IA puede automatizar muchas tareas, lo que alberga tanto oportunidades como riesgos. Por un lado, la automatización puede hacer que los procesos de trabajo sean más eficientes y rentables. Por otro, existe el riesgo de que muchas personas pierdan su empleo si las máquinas se hacen cargo del trabajo. Por tanto, la IA económicamente sostenible debe considerarse siempre en el contexto de la dinámica del mercado laboral. Esto podría significar, por ejemplo, que las empresas que utilizan tecnología de IA también inviertan en la formación continua de sus empleados para prepararlos para los cambios.

También está el aspecto de la rentabilidad a largo plazo. A veces, la introducción de tecnología de IA puede resultar cara, pero ahorrar costes a largo plazo. Por ejemplo, introduciendo diagnósticos asistidos por IA, un hospital podría aumentar la precisión de los diagnósticos y reducir así los costes de los tratamientos incorrectos. Esto demuestra que la sostenibilidad económica no es sólo una cuestión de beneficio inmediato, sino también una inversión de futuro.

6. explicabilidad y transparencia de la IA:

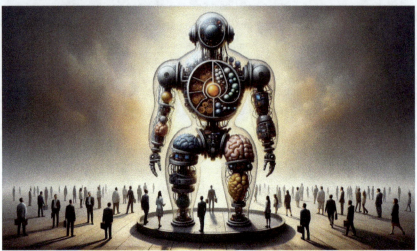

Existe un movimiento creciente para que los sistemas de IA sean más transparentes y comprensibles, de modo que la gente pueda entender mejor cómo toman sus decisiones.

Imagina que tienes un amigo muy inteligente que siempre da grandes consejos. El problema es que nunca te explica cómo llega a sus conclusiones. Sería como si te diera una receta complicada pero no te dijera los ingredientes individuales ni los pasos para cocinarla. Con el tiempo, puedes empezar a preguntarte hasta qué punto son fiables sus consejos. Lo mismo ocurre con los sistemas de inteligencia artificial que toman decisiones.

En los últimos años, los sistemas de IA se han vuelto cada vez más complejos y potentes. Pueden hacer cosas asombrosas, desde predecir terremotos hasta detectar enfermedades. El problema es que muchos de estos sistemas son tan complejos que incluso a los expertos les resulta difícil entender cómo llegan a una determinada decisión o predicción. Son como una "caja negra": los datos entran, los resultados salen, pero lo que ocurre entre medias no suele estar claro.

Aquí es donde entra en juego el movimiento por una mayor transparencia y comprensibilidad de la IA. La idea es que si podemos entender mejor cómo funcionan y toman decisiones estos sistemas, podremos confiar más en ellos. También podremos juzgar mejor cuándo y cómo debemos utilizarlos.

Un ejemplo sencillo sería un sistema de IA que examinara las candidaturas a un puesto de trabajo. Si el sistema hace una preselección, pero nadie entiende cómo llega a sus decisiones, esto podría acarrear problemas. ¿Y si el sistema es inconscientemente discriminatorio o pasa por alto cualificaciones importantes? Sin embargo, si el sistema es transparente, se podría entender qué criterios utiliza y cómo los pondera. Así se podrían hacer ajustes para garantizar que el proceso de selección sea justo y preciso.

Existen varios enfoques para lograr esta transparencia. Algunos investigadores trabajan para visualizar mejor el funcionamiento interno de los modelos de IA. Otros intentan generar explicaciones adicionales que describan en un lenguaje sencillo por qué se ha tomado una determinada decisión.

Esta búsqueda de una mayor transparencia y comprensibilidad no sólo es importante para la confianza en la tecnología, sino también por cuestiones éticas y sociales. Dado que los sistemas de IA se utilizan cada vez más en ámbitos como la sanidad, la abogacía y la administración pública, es crucial que no solo sean eficientes, sino también transparentes y justos.

En general, el movimiento a favor de una IA más transparente y comprensible es un paso importante hacia un uso más responsable y consciente de esta poderosa tecnología.

Se explican ejemplos de aplicación de diversos sectores industriales para ilustrar la importancia de la explicabilidad y la transparencia de la IA en estos contextos.

Industria del automóvil

En la industria del automóvil, un ejemplo del uso de la IA es el proceso de soldadura en la construcción de carrocerías. En este caso, un importante fabricante de automóviles se enfrentaba al reto de que no había tiempo ni recursos suficientes para comprobar cada punto de soldadura. Se utilizó una IA de aprendizaje automático para analizar los datos y comprobar con precisión la calidad de los puntos de soldadura. La IA permitió una comprobación más precisa que antes, cuando sólo se verificaba aleatoriamente alrededor del uno por ciento de los pasos de producción.

Un ámbito en el que la explicabilidad de la IA es especialmente crítica es el diagnóstico médico basado en imágenes o el control de calidad industrial. En estos ámbitos, es esencial que las decisiones tomadas por los sistemas de IA puedan ser comprendidas por los humanos para evitar errores. Estos ámbitos no sólo requieren muchos datos y cálculos, sino que también son sensibles y críticos para la seguridad.

Control del tráfico

La transparencia y la explicabilidad de la IA también son cruciales en otras industrias. Por ejemplo, la explicabilidad de las decisiones de detección y clasificación en el control y la vigilancia del tráfico es necesaria para permitir la clasificación de vehículos o barcos y, al mismo tiempo, garantizar la trazabilidad de las decisiones de IA.

Sector de la energía

En el sector energético, los procesos de IA también pueden hacer predicciones precisas sobre cuándo se producirán pérdidas en una red eléctrica. Esta información es valiosa para que los operadores de la red puedan adquirir electricidad de forma eficiente y rentable e inyectarla en la red. En ambos casos, la trazabilidad de las decisiones de la IA representa un importante valor añadido.

7 Realidad aumentada e IA:

La integración de la IA en las tecnologías de realidad aumentada permite experiencias inmersivas que pueden utilizarse en muchos ámbitos, desde la educación al entretenimiento.

Imagine que lleva unas gafas y que a través de ellas no sólo ve el mundo real que le rodea, sino también información adicional o incluso objetos virtuales situados en su entorno. Por ejemplo, está delante de un edificio histórico y las gafas le muestran textos, imágenes o incluso pequeñas películas que le cuentan más cosas sobre ese edificio. Esta es la idea básica de la realidad aumentada.

Bien, ¿qué ocurre cuando integramos la inteligencia artificial (IA) en este escenario? La IA puede hacer que estas experiencias de realidad aumentada sean mucho más inteligentes e interactivas. Por ejemplo, las gafas podrían reconocer que te interesa especialmente la arquitectura y mostrarte información específica sobre ella. O podría reconocer que tienes dificultades para entender el texto explicativo y ofrecerte una explicación más sencilla.

Gracias a la IA, las tecnologías de realidad aumentada pueden ir mucho más allá de lo que antes era posible. Pueden adaptarse al usuario, ayudarle a resolver problemas o permitir formas de interacción completamente nuevas.

Tomemos el campo de la educación, por ejemplo. Con la realidad aumentada por IA, los alumnos no sólo pueden leer sobre acontecimientos históricos o fenómenos científicos o verlos en un vídeo, sino también "experimentarlos" virtualmente. Podrían pasear por una reconstrucción virtual de la antigua Roma y hacer preguntas a un sistema de IA que responde en tiempo real. O podían montar un laboratorio virtual en el que realizar experimentos que en el mundo real serían demasiado peligrosos o caros.

En la industria del entretenimiento, las posibilidades también son enormes. Imagínese jugar a un videojuego en el que los personajes no sólo tengan líneas de diálogo preprogramadas, sino que puedan reaccionar a sus acciones y decisiones de forma compleja y similar a la humana gracias a la IA. La experiencia de juego sería mucho más envolvente y emocionante.

Y estos son sólo algunos ejemplos. La IA y la realidad aumentada también podrían utilizarse en medicina, turismo, arte y muchos otros ámbitos para enriquecer y personalizar las experiencias de las personas.

Mejores sistemas de navegación e información:

Imagina que estás caminando por una ciudad desconocida y unas gafas de realidad aumentada te muestran indicaciones en tiempo real. Con ayuda de la IA, estos sistemas pueden aprender y adaptarse para ofrecerte las mejores rutas en función de tus preferencias y experiencias previas. Por ejemplo, si prefieres las calles tranquilas, el sistema puede tenerlo en cuenta y hacerte sugerencias de rutas adecuadas.

Imagina que estás en una ciudad desconocida y llevas unas gafas de realidad aumentada. Mientras pasea por las calles, las gafas superponen direcciones directamente en su campo de visión. Ni siquiera necesita mirar el móvil; la información está virtualmente "en el aire", delante de usted. Ahora entra en juego la IA. Analiza sus preferencias y hábitos. Por ejemplo, si sueles caminar por calles tranquilas, el sistema lo recuerda y te muestra automáticamente una ruta por zonas menos transitadas la próxima vez. Sientes como si la ciudad te "hablara" y te mostrara la ruta que más te conviene.

Mantenimiento y reparación:

En entornos industriales, la RA y la IA pueden utilizarse para ayudar al personal de mantenimiento a identificar y rectificar problemas. Con las gafas de RA, los técnicos pueden recibir instrucciones e información digital directamente en su campo de visión. Los algoritmos de IA pueden ayudar a diagnosticar el problema y sugerir posibles soluciones.

Imagine a un técnico en una gran planta industrial. Le encargan reparar una máquina defectuosa. Con sus gafas de realidad aumentada, puede ver las instrucciones paso a paso delante de sus ojos. Ya no tiene que alternar entre planos en papel o una tableta. Los algoritmos de IA analizan continuamente los datos de estado de la máquina y dan al técnico instrucciones específicas sobre las piezas que debe comprobar o sustituir. Es como si tuviera un asistente invisible pero muy inteligente a su lado para ayudarle a rectificar los fallos.

Educación y formación:

En educación, la IA y la ER pueden ayudar a crear programas de aprendizaje personalizados. Mire el aula virtual en la que está sentado. A través de sus gafas de realidad aumentada, ve complejos conceptos científicos como modelos tridimensionales frente a usted. La inteligencia artificial adapta el contenido de aprendizaje a su rendimiento. Los temas difíciles se te explican de forma sencilla hasta que los entiendes, mientras que las áreas que ya conoces bien se tratan más rápidamente. De este modo, el material de aprendizaje se adapta individualmente a tu propio ritmo para ofrecerte una experiencia de aprendizaje óptima.

Sanidad:

La combinación de IA y ER también puede ser muy beneficiosa en el sector sanitario. Tomemos el ejemplo de un cirujano que tiene que realizar una complicada operación de corazón. Durante la operación, lleva unas gafas de RA que superponen datos médicos y escáneres tridimensionales directamente en su campo de visión en tiempo real. Una IA analiza en paralelo todos los datos disponibles y puede, por ejemplo, emitir una advertencia si determinados valores entran en un rango crítico. Las gafas podrían incluso recomendar al cirujano qué técnica de sutura sería la más adecuada, basándose en miles de casos similares que la IA ha analizado.

Al por menor:

En el comercio minorista, la ER puede ayudar a ofrecer a los clientes una experiencia de compra interactiva. Se pueden hacer recomendaciones personalizadas con ayuda de la IA. Imagínese que está delante de una estantería de televisores en una tienda de electrónica. Sus gafas de realidad aumentada reconocen qué modelo está mirando y le muestran inmediatamente toda la información importante, desde datos técnicos hasta ofertas especiales actuales y opiniones de clientes. Los algoritmos de IA analizan su comportamiento de compra anterior e incluso le recomiendan modelos que podrían ajustarse a sus necesidades.

Museos y exposiciones:

Los museos podrían utilizar la RA y la tecnología de IA para ofrecer a los visitantes una experiencia interactiva e informativa. Imagina que estás delante de un cuadro en un museo de arte. Tus gafas de realidad aumentada reconocen la obra y te muestran información sobre el artista, la época en que fue creada e incluso interpretaciones de la obra. La IA de fondo recuerda qué tipos de arte o periodos históricos prefieres y adapta la información en consecuencia. En tu próxima visita, las gafas podrían sugerirte automáticamente obras que coincidan con tus intereses.

En resumen, la combinación de IA y realidad aumentada tiene el potencial de cambiar la forma en que interactuamos con el mundo que nos rodea de maneras nuevas y apasionantes. Puede ayudarnos a aprender mejor, a trabajar con más eficacia y a entretenernos de formas innovadoras. Es un campo que no ha hecho más que empezar, pero que tiene el potencial de un cambio revolucionario.

8. robótica y sistemas autónomos:

Los avances en robótica están siendo impulsados por tecnologías de IA que permiten sistemas autónomos capaces de operar eficazmente en diversos entornos.

Imagina que tienes un pequeño robot que te ayuda en casa. Puede pasar la aspiradora, fregar los platos e incluso regar las plantas cuando usted no está. Si reconoce una mancha en el suelo, sabe que tiene que limpiarla más a fondo. Puede hacer todo esto porque está equipado con inteligencia artificial, que le permite comprender su entorno y tomar decisiones.

La robótica ha progresado enormemente en los últimos años, y gran parte de este desarrollo está impulsado por las tecnologías de IA. Los primeros modelos de robots a menudo sólo podían realizar un número muy limitado de tareas y estaban muy centrados en un entorno o unas condiciones concretas. No podían adaptarse a situaciones nuevas o inesperadas.

Esto está cambiando fundamentalmente con la integración de la IA. Los robots dotados de inteligencia artificial son capaces de realizar diversas tareas en distintos entornos. Pueden "aprender" y "adaptarse". Por ejemplo, no sólo podrían transportar paquetes de A a B en un almacén, sino también reconocer cuándo un objeto se interpone en su camino y decidir entonces si evitarlo o moverlo.

Tomemos otro ejemplo: la agricultura. Los robots controlados por IA no sólo podrían arar el campo, sino también analizar el estado de las plantas y decidir cuáles necesitan más agua o abono. Incluso podrían reconocer las plagas y atacarlas sin tener que rociar todo el campo con pesticidas.

O pensemos en misiones de rescate en zonas peligrosas, por ejemplo tras un terremoto o un incendio forestal. Los robots de IA podrían entrar en zonas demasiado peligrosas para que los humanos busquen supervivientes o evalúen la situación. Como son capaces de "entender" su entorno, podrían evitar obstáculos, abrirse paso entre los escombros o incluso tomar decisiones por sí mismos que aumenten la eficacia de la operación de rescate en general.

La IA permite a los robots actuar de forma mucho más autónoma y flexible. Pueden "entender", "aprender" y "decidir", lo que los hace extremadamente útiles en una gran variedad de entornos y para un amplio abanico de tareas.

Coches autónomos:

Una de las aplicaciones más conocidas de la robótica y la IA son los coches autónomos. Estos vehículos autónomos utilizan algoritmos de IA para comprender su entorno y tomar decisiones en tiempo real. Por ejemplo, un coche autoconducido puede utilizar sensores y cámaras para reconocer la carretera y a otros usuarios, seguir las normas de tráfico e incluso reaccionar ante situaciones inesperadas, como la aparición repentina de un peatón.

Interacción humano-robot para sistemas robóticos de servicio:

La interacción entre humanos y robots es fundamental para los robots de servicio que se utilizan en la vida cotidiana. Un ejemplo es el concepto de comunicación multimodal hombre-máquina, que se analiza en un artículo. En estos sistemas, los robots pueden responder a órdenes verbales, gestos o incluso a las emociones del usuario para ofrecer servicios adecuados.

Imagine que llega a casa después de un largo día y su robot doméstico le da la bienvenida. No sólo ha oído su voz, también ha reconocido su cara e incluso se ha fijado en su cansado lenguaje corporal. Basándose en esta información, el robot decide prepararle una relajante taza de té. Para ello, la inteligencia artificial utiliza varios sensores: micrófonos para el reconocimiento de voz, cámaras para el reconocimiento facial e incluso sensores que pueden medir tu ritmo cardíaco o tu temperatura corporal. Todos estos datos fluyen juntos y la IA del robot toma una decisión que se ajusta con precisión a sus necesidades.

Robots industriales:

Los robots se han convertido en parte integrante de la fabricación. Realizan tareas como soldar, ensamblar o pintar piezas. Al integrar la IA, estos robots pueden aprender y adaptarse a nuevas tareas. Por ejemplo, un robot equipado con IA podría aprender a ensamblar un nuevo componente mediante la observación y la repetición sin necesidad de reprogramarlo.

Drones y robots autónomos de reparto:

La entrega de mercancías mediante drones o robots autónomos es otro campo apasionante. Empresas como Amazon están explorando la posibilidad de entregar paquetes mediante drones autónomos. Estos drones utilizan IA para planificar rutas de vuelo, reconocer y esquivar obstáculos y aterrizar con seguridad en su destino.

Sanidad:

Los robots y la IA también pueden desempeñar un papel importante en el sector sanitario. Los robots autónomos pueden, por ejemplo, entregar medicamentos o comidas a los pacientes, mientras que los sistemas de IA pueden ayudar a los médicos a hacer diagnósticos o elaborar planes de tratamiento. Un ejemplo de ello es un robot que puede navegar de forma autónoma por un hospital para entregar medicación, mientras un sistema de IA planifica las mejores rutas, teniendo en cuenta los atascos de tráfico u otros obstáculos.

Agricultura:

Los sistemas autónomos y la IA también pueden utilizarse en la agricultura para aumentar la eficiencia y conservar los recursos. Por ejemplo, hay tractores autónomos que pueden trabajar los campos con precisión, mientras que los sistemas asistidos por IA pueden vigilar la salud de las plantas y hacer recomendaciones de riego o fertilización.

Excurso: Sistemas multimodales

Los sistemas robóticos multimodales son robots que tienen varios sentidos o capacidades para percibir su entorno y actuar en él. Podríamos imaginarnos un robot de este tipo como un moderno multiusos. Imagine que tiene un robot que no sólo ve, sino que también oye, toca e incluso huele. Este robot podría utilizar toda esta información simultáneamente para comprender mejor lo que ocurre en su entorno. Es como caminar por un bosque espeso y utilizar los ojos para orientarse, los oídos para escuchar los sonidos y la nariz para olfatear las plantas. Toda esta información le ayuda a hacerse una idea completa de su entorno.

Un ejemplo sencillo de sistema robótico multimodal podría ser un robot que tuviera cámaras, además de micrófonos y sensores de temperatura. Con la cámara, el robot podría identificar objetos o personas, con el micrófono podría entender órdenes de voz o reconocer ruidos inusuales, y con el sensor de temperatura podría, por ejemplo, determinar si se ha declarado un incendio.

Ahora te preguntarás qué tiene que ver la inteligencia artificial (IA) con todo esto. La IA es básicamente el cerebro del robot que procesa e interpreta todos estos tipos de información. Sin IA, el robot sería como un músico que tiene muchos instrumentos pero no sabe tocarlos. La IA puede utilizar algoritmos complejos para analizar los datos de los distintos sensores y ayudar al robot a tomar decisiones con sentido. Por ejemplo, la IA podría decirle al robot: "Veo a una persona con la cámara, oigo su voz con el micrófono y me doy cuenta con el sensor de temperatura de que hace frío fuera. Quizá debería ofrecerle a esta persona una taza de té caliente".

 Por supuesto, siempre es útil no sólo explicar todo en teoría, sino también ofrecer ejemplos concretos. Los ejemplos suelen hacer que los temas complejos sean más tangibles y fáciles de entender. Por eso nos gustaría ofrecerle algunos ejemplos claros y detallados de sistemas robóticos multimodales y su conexión con la inteligencia artificial. Así comprenderá mejor cómo se utilizan estas tecnologías en la vida real y qué ventajas podrían tener.

Control multimodal de la atención para robots móviles:

Un artículo describe un sistema para controlar la atención de un robot móvil que funciona multimodalmente. Esto significa que el robot puede utilizar distintos tipos de sensores para percibir su entorno y reaccionar ante él.

Un sistema robótico móvil, tal vez algo parecido a una aspiradora autónoma, podría estar equipado con varios sensores: cámaras, sensores infrarrojos, micrófonos. Por ejemplo, si el robot oye un ruido, podría girar su cámara en esa dirección y comprobar si hay que limpiar. Tal vez alguien ha volcado un vaso y hay fragmentos en el suelo. La IA decidiría entonces evitar la zona y le enviaría una notificación.

Sistemas robóticos móviles:

Un sistema robótico móvil consiste en un sistema de transporte sin conductor de funcionamiento autónomo con un robot acoplado. Estos sistemas pueden ofrecer soluciones para intralogística, robótica estacionaria y móvil, así como colaboración entre humanos y robots.

Estos sistemas podrían utilizarse en grandes almacenes. No sólo son capaces de transportar mercancías de A a B, sino que también podrían realizar inventarios de forma autónoma o reconocer productos defectuosos. Podrían funcionar con sensores ópticos para leer el código de barras de los productos y con brazos de pinzas para mover las mercancías. La IA sería la pieza central, coordinaría todas las acciones e incluso cooperaría con los humanos entendiendo y respondiendo a sus instrucciones.

Robots colaboradores (cobots):

Los cobots son brazos robóticos que se utilizan en entornos de producción y colaboran con los seres humanos para realizar diversas tareas de producción. Pueden utilizar diversos sensores y actuadores para adaptarse a los requisitos de la tarea en cuestión.

Humanos y cobots podrían trabajar codo con codo en un taller de coches. Mientras el humano se concentra en tareas más complejas, el cobot podría, por ejemplo, apretar tornillos. Gracias a los sensores de su brazo, el cobot podría "detectar" la proximidad de un humano y adaptar sus movimientos para no ponerlo en peligro. La

IA analizaría constantemente los datos de los sensores y se aseguraría de que el cobot trabaje de forma eficiente, pero también segura.

Robótica en la producción y automatización de almacenes:

Los robots se utilizan aquí para automatizar tareas como seleccionar y colocar objetos. Estos robots pueden utilizar diversos sensores para reconocer los objetos y actuadores para manipularlos.

En un almacén de expedición, los robots podrían encargarse de colocar los paquetes en una cinta transportadora. Podrían estar equipados con cámaras que reconocieran la forma y el tamaño del paquete y con brazos mecánicos que lo agarraran y lo colocaran en el lugar adecuado. La inteligencia artificial se encargaría de seleccionar el paquete adecuado y colocarlo en la cinta transportadora para ahorrar el máximo espacio posible.

Estos ejemplos muestran lo versátiles que pueden ser los sistemas robóticos multimodales y cómo pueden utilizarse en distintos entornos y para distintas tareas. En todos los casos, la inteligencia artificial es el elemento de conexión que utiliza los distintos sensores y actuadores para trabajar de forma eficiente y segura.

Sin embargo, como siempre, el uso de robots autónomos plantea problemas éticos y de seguridad. Por eso es importante que los avances en este campo se lleven a cabo con responsabilidad y cautela.

9. protección de datos e inteligencia artificial

L

as tecnologías de protección de datos, como la privacidad diferencial y el aprendizaje federado, son cada vez más importantes para proteger la privacidad de los usuarios y, al mismo tiempo, obtener información valiosa de los datos.

Imagina que vas a una fiesta y al día siguiente el anfitrión le cuenta a todo el mundo qué tipo de música te gusta, qué temas has sacado en una pequeña charla, etcétera. Probablemente te sentirías incómodo porque no se respeta tu intimidad. Algo parecido ocurre con los datos que compartimos constantemente en Internet o a través de otras tecnologías. Queremos que sean seguros y que no se utilicen para cosas que no aprobamos.

Aquí es donde entran en juego tecnologías de protección de datos como la "privacidad diferencial" y el "aprendizaje federado". Intentan encontrar un equilibrio entre la utilización de los datos para la investigación y el desarrollo y la protección de la intimidad de las personas.

Empecemos por la "privacidad diferencial". Esta tecnología garantiza que, cuando los datos se utilicen para análisis, se alteren u "ofusquen" de forma que sea difícil o imposible identificar a las personas. Por ejemplo, un instituto de investigación sanitaria puede conocer su tensión arterial, pero no saber que es usted quien la tiene. Así, pueden llevar a cabo investigaciones importantes sin revelar sus datos personales.

Pasemos ahora al "aprendizaje federado". Este método es especialmente inteligente. Imagina que utilizas una aplicación en tu teléfono móvil que hace un seguimiento de tus rutas de running para sugerirte nuevas rutas. En lugar de enviar todos los datos a un servidor central donde se analizan y se envían a todos los usuarios, el análisis se realiza directamente en el móvil. Sólo el resultado, es decir, las conclusiones extraídas de todos los datos, se recoge de forma centralizada. Esto significa que sus datos individuales permanecen en su dispositivo y su privacidad está mejor protegida.

Diagnóstico y pronóstico médicos

Imaginemos un hospital en el que se realizan numerosas resonancias magnéticas a distintos pacientes para identificar tumores. Cada hospital tiene su propia colección de imágenes, que a su vez están influidas por los casos individuales de los pacientes. Sería estupendo que estas imágenes sirvieran para entrenar un modelo general de IA que detectara mejor los tumores. Pero estas imágenes no pueden enviarse a un lugar centralizado por razones de privacidad. Aquí es donde entra en juego el aprendizaje federado. En lugar de enviar las imágenes, el entrenamiento del modelo permanece en el hospital correspondiente. Sólo los resultados generales, es decir, la capacidad del modelo para reconocer tumores, se envían a una ubicación central y allí se combinan. Así se protege la intimidad de los pacientes.

Publicidad personalizada

Tomemos como ejemplo unos grandes almacenes en línea. Si los grandes almacenes quieren saber qué productos interesan a qué clientes, podrían entrenar un modelo de IA basado en el comportamiento de navegación y compra del usuario. Con el aprendizaje federado, pueden entrenar este modelo directamente en el ordenador o el smartphone del usuario. Los datos específicos del usuario nunca salen de su dispositivo, sólo el "progreso de aprendizaje" del modelo se envía a los grandes almacenes. Esto permite ofrecer publicidad personalizada sin sobrepasar los límites de protección de datos.

Sistemas de reconocimiento y asistencia del habla

Imagina que tienes un altavoz inteligente en casa. Le preguntas por el tiempo, le pides que ponga música y puede que incluso le pidas que te ayude a cocinar. Tu altavoz aprende poco a poco tus preferencias y tu forma de hablar. El aprendizaje federado hace posible que todos estos ajustes personales tengan lugar directamente en el dispositivo. Tus datos específicos no necesitan subirse a una nube, lo que aumenta la privacidad.

Reconocimiento facial y vigilancia

Un centro comercial quiere aumentar la seguridad y utiliza el reconocimiento facial. La cuestión es cómo hacerlo sin invadir la intimidad de las personas. El aprendizaje federado permitiría a las distintas cámaras entrenar sus modelos localmente, de modo que los datos personales no tuvieran que almacenarse de forma centralizada. Sólo las conclusiones sobre actividades llamativas podrían enviarse a una ubicación central para su evaluación.

En todos estos ejemplos, **la privacidad diferencial** puede añadir una capa adicional de seguridad. Imagina que eres pintor y tu cuadro está casi terminado. Pero antes de mostrarlo al mundo, añade deliberadamente unas pequeñas salpicaduras de color. Estas salpicaduras de color no cambian drásticamente el cuadro en su conjunto, pero lo hacen único y no directamente atribuible. Así funciona la privacidad diferencial. Añadir "ruido" a los datos garantiza el anonimato de la información. Por ejemplo, en un hospital se puede añadir un poco de "ruido" a las imágenes de resonancia magnética antes de utilizarlas con fines de formación, para que nadie pueda averiguar a qué paciente pertenece la imagen.

La principal ventaja de ambas tecnologías es que permiten obtener información valiosa a partir de grandes cantidades de datos sin poner en peligro la privacidad de las personas. Son, por así decirlo, los "responsables de la protección de datos" en el mundo de la inteligencia artificial y los macrodatos.

Ambos métodos siguen siendo objeto de intensa investigación y desarrollo, pero cada vez cobran más importancia. Las empresas y organizaciones empiezan a darse cuenta de que proteger la privacidad no sólo es éticamente correcto, sino también un importante argumento de venta. Porque cuando la gente sabe que sus datos están seguros, confía más en la tecnología y está más dispuesta a utilizarla.

10. informática cuántica e inteligencia artificial:

La combinación de la computación cuántica y la IA tiene el potencial de aumentar la potencia de cálculo y resolver problemas complejos que no son posibles con los ordenadores convencionales.

En primer lugar, veamos más de cerca el término "informática cuántica". Un ordenador cuántico es un tipo muy especial de ordenador que no funciona con "bits" convencionales, que sólo pueden asumir los valores 0 ó 1. En su lugar, utiliza "qubits" que pueden representar una combinación de estos valores en diferentes estados al mismo tiempo. En su lugar, utiliza "qubits" que pueden representar una combinación de estos valores en diferentes estados al mismo tiempo. Es como si uno no se limitara a ver la televisión en blanco y negro, sino que de repente dispusiera de toda una paleta de colores. Esto abre posibilidades completamente nuevas y hace que los ordenadores cuánticos sean extremadamente potentes para determinadas tareas.

Pasemos ahora a la IA, o inteligencia artificial. Los sistemas de IA son programas informáticos capaces de realizar tareas que normalmente requieren inteligencia humana, como reconocer el lenguaje, tomar decisiones o analizar grandes cantidades de datos.

¿Qué ocurre cuando combinamos estas dos tecnologías?

La respuesta es sencilla: podría desencadenar una revolución en el tratamiento y análisis de datos.

Imagina que tienes un puzzle muy, muy grande, tan grande que podría llenar un campo de fútbol entero. Un ordenador convencional tardaría años en resolverlo. Un sistema de inteligencia artificial podría hacerlo más rápido, pero seguiría estando limitado por la potencia del ordenador en el que funciona. Un ordenador cuántico, sin embargo, podría recorrer el número de combinaciones posibles con extrema rapidez y resolver así el rompecabezas en un tiempo impensable con métodos convencionales.

He aquí algunas ventajas y escenarios de aplicación para subrayar el potencial de esta combinación:

1. **Procesamiento acelerado de datos**: los ordenadores cuánticos pueden resolver tareas mucho más rápido que los ordenadores tradicionales. Tienen la capacidad de resolver problemas complejos que están fuera del alcance de los ordenadores convencionales. Esta aceleración es crucial para el futuro desarrollo de la IA, especialmente en combinación con otras tecnologías como la nanotecnología. Los programas especiales que antes tenían que ejecutarse de forma aislada, como el reconocimiento de imágenes, el reconocimiento del habla y la planificación de procesos, pueden combinarse en un solo programa con la computación cuántica[1].

2. Aprendizaje automático sin supervisión: la informática cuántica amplía el método de "aprendizaje automático sin supervisión". En este método, los algoritmos de redes neuronales reconocen e interpretan datos brutos sin ningún tipo de entrenamiento. Deberían ser capaces de reconocer correlaciones por sí mismos, aprender de la experiencia y corregir sus propios errores, igual que los humanos. Las posibilidades y la complejidad derivadas de la computación cuántica aún no pueden evaluarse en su totalidad, pero abren nuevas y apasionantes vías para la IA.

3. **Procesamiento de grandes cantidades de datos**: La combinación de IA y computación cuántica permite procesar grandes campos de datos en un solo paso, descubrir patrones en los datos que los ordenadores clásicos no

pueden y trabajar con datos incompletos o inciertos. Al desarrollar modelos de IA para aplicaciones específicas como el desarrollo de fármacos o la modelización del clima, los ordenadores cuánticos podrían realizar simulaciones complejas que están fuera del alcance de los ordenadores tradicionales. Esta capacidad podría ser crucial para crear modelos más realistas y hacer mejores predicciones.

4. **Reconocimiento avanzado de patrones**: los ordenadores cuánticos tienen la capacidad de trabajar en superposición, lo que podría permitir el análisis simultáneo de múltiples rutas de datos. Esta propiedad podría conducir a un reconocimiento de patrones más preciso y profundo, lo que sería beneficioso para muchas aplicaciones de IA como el reconocimiento de imágenes y del habla.

5. **Posibilidad de nuevos algoritmos**: Al apoyar la investigación y el desarrollo, los ordenadores cuánticos podrían ayudar a desarrollar algoritmos y arquitecturas de IA novedosos que antes eran impensables. Esto podría impulsar una nueva ola de innovación en la tecnología de la IA y hacer avanzar este campo.

6. **Capacidad de almacenamiento exponencial**: los ordenadores cuánticos aprovechan la naturaleza exponencial de los sistemas cuánticos. A diferencia de los sistemas clásicos, en los que la capacidad de almacenamiento reside en las unidades de datos individuales, la mayor parte de la capacidad de almacenamiento de un sistema cuántico reside en las propiedades colectivas de los qubits (las unidades básicas de la informática cuántica).

Por supuesto, aún estamos muy lejos de aprovechar plenamente todas estas posibilidades. Tanto los ordenadores cuánticos como los sistemas de IA son tecnologías extremadamente complejas que aún están en pañales. Existen desafíos técnicos, problemas éticos y, por supuesto, la cuestión del coste. Pero ya se han dado los primeros pasos y la investigación en este campo avanza rápidamente.

Una mirada al futuro

Si miramos 30 años hacia el futuro, podemos esperar una forma muy avanzada de IA. En ese tiempo, la IA no sólo podría encargarse de tareas especializadas, sino también de tareas muy complejas y creativas. Para ilustrarlo mejor, me gustaría poner un ejemplo: Los médicos del futuro.

Imagina que no te encuentras bien y decides ir al médico. Entras en la consulta y, en lugar de un médico humano, te sientas frente a la pantalla de un ordenador. Este médico de IA le pregunta por sus síntomas y en pocos segundos realiza millones de cálculos. Accede a todos los conocimientos médicos de la humanidad, compara tus síntomas con casos similares, se basa en los últimos descubrimientos científicos y finalmente te da un diagnóstico.

Lo más interesante es que esta IA podría incluso desarrollar nuevos tratamientos accediendo a información de la investigación médica, ensayos clínicos e incluso otras especialidades. Podría descubrir que un fármaco desarrollado originalmente para otra enfermedad podría hacer maravillas en su caso concreto. Se trata, por supuesto, de una visión muy positiva del futuro, que podría revolucionar la asistencia sanitaria.

Sostenibilidad ecológica

Uno de los mayores retos que plantea el desarrollo de la IA es el aspecto de la sostenibilidad. Los sistemas de IA, especialmente los más avanzados, pueden consumir enormes cantidades de energía. Por eso es crucial que utilicemos fuentes de energía renovables. No basta con impulsar la tecnología, también debemos tener en cuenta el impacto en nuestro planeta.

Además, el hardware en el que se ejecuta la IA debe estar fabricado con materiales sostenibles. Como cada vez se necesitan más ordenadores y servidores para el desarrollo continuo de la IA, tenemos que asegurarnos de que este hardware no sólo sea potente, sino también respetuoso con el medio ambiente. Esto se aplica a la extracción de materiales, el proceso de producción y, por último, el reciclaje del hardware.

Impacto social

Otro aspecto importante es el impacto social de la IA. Tenemos que asegurarnos de que los beneficios de la IA se distribuyen ampliamente por toda la sociedad y no sólo a una pequeña élite. Existe el riesgo de que se pierdan puestos de trabajo por el uso de la IA, por lo que la educación y el reciclaje profesional desempeñan un papel fundamental.

Imagina una sociedad en la que todo el mundo tenga acceso a una educación basada en la IA. En ella, la IA podría crear planes de aprendizaje personalizados para cada alumno, de modo que todos tuvieran las mismas oportunidades. Pero, ¿qué ocurre si sólo las escuelas ricas pueden permitirse estos sistemas? La brecha entre ricos y pobres seguiría aumentando.

Implicaciones económicas

Los avances en IA también tendrán un enorme impacto económico. Si las máquinas y los algoritmos asumen cada vez más actividades humanas, muchas profesiones tradicionales podrían quedar obsoletas. Eso suena aterrador al principio, pero también ofrece oportunidades para nuevos campos de trabajo.

Tomemos la agricultura como ejemplo. Hace unas décadas, habría sido difícil imaginar que los robots pudieran hacer la mayor parte del trabajo agrícola. Pero dentro de 30 años, un agricultor podría utilizar la IA para optimizar su cosecha, elegir el mejor momento para sembrar e incluso eliminar las malas hierbas automáticamente. Estas tecnologías podrían ayudar a combatir el hambre en el mundo.

Pero, por supuesto, también surge la pregunta: ¿qué pasará con las personas que han trabajado en la agricultura hasta ahora? Aquí es donde la política desempeña un papel decisivo. Es crucial una transición socialmente aceptable con programas educativos y medidas de reciclaje.

Efectos psicológicos

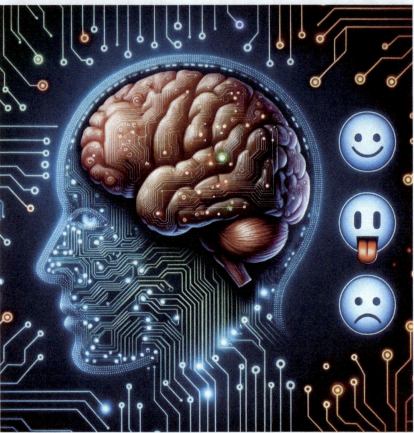

El impacto psicológico de la IA es otro tema que a menudo se pasa por alto. Cuando los sistemas de IA se hagan cargo de tareas similares a las humanas, cambiará nuestra relación con la tecnología y quizá incluso con nosotros mismos. Imagine tener un asistente de IA tan bueno que pueda reconocer su estado de ánimo y anticiparse a sus necesidades. Esto podría cambiar nuestra forma de entender la interacción humana y plantear nuevas cuestiones éticas.

Es muy posible que dentro de 30 años los sistemas de IA estén tan avanzados que puedan actuar como terapeutas. Estos terapeutas de IA podrían estar siempre disponibles y tener acceso a amplias bases de datos de conocimientos psicológicos.

Pero, ¿qué significa esto para la relación médico-paciente, que se basa en la confianza? ¿Podríamos realmente confiar en una máquina?

IA y arte

Otro campo apasionante es el arte. Los sistemas de IA no sólo podrían analizar obras de arte, sino también producir obras creativas por sí mismos. Estas tecnologías podrían dar lugar a nuevas formas de arte que hoy ni siquiera podemos imaginar.

Imagine una inteligencia artificial escribiendo una novela. Podría analizar miles de libros en milisegundos y escribir un texto apasionante y profundo. Pero, ¿consideraríamos que una obra así es arte "de verdad"? ¿Y qué significaría eso para los artistas humanos?

Competencia mundial

Un aspecto que no debe olvidarse es la competencia mundial. Países y empresas se disputan ya la supremacía en el campo de la IA. Quien salga vencedor podría disfrutar de considerables ventajas tanto económicas como geopolíticas. Por tanto, la cooperación internacional es importante para evitar una "carrera armamentística de la IA".

Normativa y legislación

El Gobierno tiene la tarea de crear a tiempo un marco jurídico para el uso de la IA. ¿Qué tal, por ejemplo, una especie de "TÜV de la IA", una institución independiente que garantice que los sistemas de IA son seguros y éticos? Esta institución podría realizar pruebas y auditorías y expedir certificados para los sistemas de IA que cumplan determinados requisitos.

Interacción hombre-máquina

Se espera que la interacción entre los seres humanos y los sistemas de IA sea cada vez más fluida e intuitiva. Podríamos llegar a un punto en el que la distinción entre las capacidades humanas y lo que puede hacer una IA sea cada vez más difusa.

Imagina que existe un sistema de IA que puede traducir no sólo el lenguaje, sino también las emociones en tiempo real. Así, cuando hable con alguien que hable un idioma diferente, la IA no sólo podría transmitir las palabras, sino también el contexto emocional. Esto podría cambiar radicalmente nuestra forma de comunicarnos y entablar relaciones. Pero también plantea cuestiones éticas. Por ejemplo, ¿debería la inteligencia artificial "censurar" o alterar las emociones?

Salud y longevidad

Otro campo apasionante es el de la salud y la longevidad. Con la ayuda de la IA, podríamos empezar a comprender mejor el proceso de envejecimiento humano e incluso ralentizarlo.

Un sistema de IA podría analizar innumerables estudios científicos y datos biológicos para encontrar nuevas formas de ralentizar el proceso de envejecimiento. Esta tecnología podría permitirnos vivir más tiempo y con mejor salud. Pero, por supuesto, esto también plantea cuestiones éticas y sociales, por ejemplo en relación con la densidad de población y los recursos de la Tierra.

La IA en la gobernanza

El uso de la IA en la administración y la gobernanza también podría suponer una revolución. Los sistemas de IA podrían ayudar a tomar decisiones basadas en una enorme cantidad de datos y contribuir así a sistemas sociales más eficientes y justos.

Por ejemplo, la IA podría diseñar un sistema fiscal tan complejo e individualizado que calculara la carga impositiva más justa y eficiente para cada ciudadano. La IA podría tener en cuenta factores como los ingresos, las circunstancias vitales, los gastos personales y muchos más. Pero, por supuesto, aquí también hay consideraciones éticas. ¿Querría la gente dar a una máquina el poder de tomar decisiones tan importantes?

Ciberseguridad

Con la creciente dependencia de los sistemas de IA, la ciberseguridad también adquiere cada vez más importancia. La IA avanzada podría ser tanto una amenaza como una solución en este ámbito.

Un país podría desarrollar una IA capaz de burlar los sistemas de defensa de otro país. Al mismo tiempo, el país defensor podría tener una IA capaz de repeler esos ataques en tiempo real. Esto podría desembocar en una carrera sin fin entre sistemas de IA en la que estaría en juego la estabilidad del orden mundial.

Justicia social e inteligencia artificial

La forma en que se desarrolla e implanta la IA tiene un impacto significativo en la justicia social. La discriminación y los prejuicios pueden verse reforzados por sistemas de IA mal diseñados o sesgados.

Imaginemos que se utiliza un sistema de inteligencia artificial para predecir la delincuencia. Si este sistema se entrena a partir de datos históricos que ya son discriminatorios, podría reforzar los prejuicios y penalizar injustamente a determinados grupos sociales o étnicos. Esto podría perpetuar y exacerbar estructuras sociales injustas, lo que plantea un importante problema ético.

Autonomía y autodeterminación

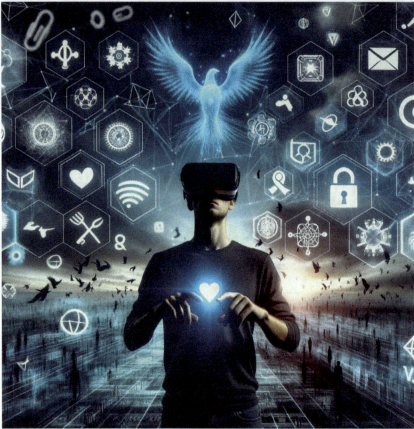

Con el desarrollo de la IA, nuestra autonomía y sentido de la autodeterminación podrían verse comprometidos. Los sistemas de IA podrían llegar a predecir tan bien el comportamiento humano que podrían controlar nuestras decisiones.

Supongamos que una IA conoce tus gustos y aversiones tan bien que puede sugerirte productos o servicios a los que difícilmente puedes resistirte. Esto plantea la cuestión de hasta qué punto podemos seguir actuando como individuos autónomos y autodeterminados si una máquina puede predecir nuestras decisiones mejor que nosotros.

Conclusión: Un enfoque integrado para el futuro de la IA

La inteligencia artificial está al borde de un punto de inflexión que podría remodelar fundamentalmente nuestra sociedad en los próximos 30 años. Los retos son tan complejos como impresionantes las oportunidades. No se trata solo de lograr avances tecnológicos, sino también de considerar las implicaciones éticas, sociales y medioambientales de esta tecnología.

La configuración del futuro de la IA no puede estar únicamente en manos de técnicos, científicos o empresarios. Requiere un amplio debate social y la cooperación de expertos en ética, ciencias sociales, derecho y muchas otras disciplinas. Todos nosotros, jóvenes y mayores, debemos tener la oportunidad de participar en este debate y expresar nuestras preocupaciones y esperanzas.

Los gobiernos tienen un papel crucial que desempeñar en el control y la regulación del desarrollo de la IA. Deben garantizar que las leyes y normativas promuevan la innovación y protejan a los ciudadanos de los abusos. Para ser eficaz, es importante que la legislación no sólo esté armonizada a nivel nacional, sino también internacional.

La búsqueda de una IA sostenible debe estar en consonancia con los objetivos mundiales de sostenibilidad. Además del desarrollo tecnológico, esto significa también tener en cuenta el uso responsable de los recursos y no seguir aumentando las desigualdades sociales.

La industria debe ser consciente de la responsabilidad que le incumbe en el desarrollo y la aplicación de las tecnologías de IA. Esto significa no solo establecer principios éticos sobre el papel, sino también aplicarlos de forma coherente en la práctica.

Dado que la IA revolucionará muchos campos profesionales, el aprendizaje permanente es crucial para todos los grupos de edad. Todo el mundo debe tener la oportunidad de seguir formándose y adaptarse a los cambiantes requisitos profesionales.

En última instancia, se trata de encontrar un equilibrio entre las enormes oportunidades y los riesgos igualmente grandes de la IA. No es tarea fácil, pero es factible si todas las partes interesadas -científicos, políticos, ciudadanos y los propios sistemas de IA- colaboran de forma integrada.

El camino hacia el futuro es complejo y está lleno de incertidumbres, pero también de posibilidades. Con un esfuerzo colectivo que reconozca la complejidad de los retos y los aborde de forma holística, podemos esperar dar forma a un futuro de la IA que no sólo sea tecnológicamente avanzado, sino también éticamente justificable y socialmente equitativo. Y ese es un futuro por el que todos deberíamos trabajar.

Excursus: Creación de imágenes para este libro

En el capítulo final de este libro, queremos revelarle un secreto especial: Todas las imágenes que has encontrado al hojear las páginas no han sido creadas por un artista o fotógrafo, sino por una inteligencia artificial. Esta inteligencia artificial se llama DALLE-3 y nos gustaría mostrarte brevemente el proceso que hay detrás:

Instrucciones para activar DALL-E 3

Para aprovechar todo el potencial de ChatGPT, el libro ofrece instrucciones paso a paso y ejemplos prácticos. He aquí una guía básica para instalar plugins, el intérprete de código y DALL-E 3 en GPT-4:

Nota: Esta guía fue escrita en 10/2023 y se basa en las funciones de ChatGPT de la versión ChatGPT 25 de septiembre. Además, actualmente se requiere una cuenta ChatGPT Plus para utilizar todas las funciones que se indican a continuación.

En primer lugar, hay un paso que sólo tienes que dar una vez con tu cuenta ChatGPT Plus: haz clic en los tres puntos de la parte inferior izquierda para abrir el menú. A continuación, selecciona "Funciones beta" y luego activa "Plugins" e "Intérprete de código". (Nota: DALL-E 3 también funciona sin este primer paso)

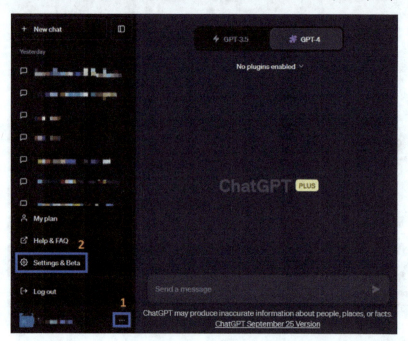

Para activar DALL-E 3, determinados plugins o el intérprete de códigos, debe iniciar un nuevo chat con ChatGPT. Seleccione GPT-4 y en el menú desplegable de GPT-4 tendrá la opción de activar DALL-E 3, el intérprete de códigos o los plugins.

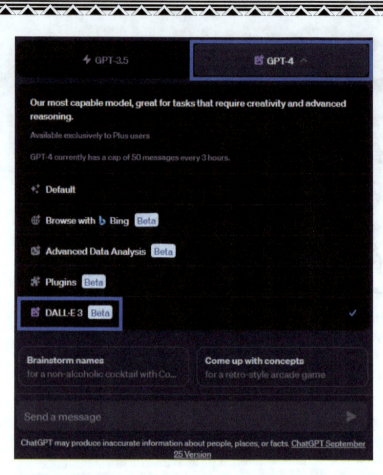

Entrada en ChatGPT:

Crea una imagen para cada capítulo (el libro trata de la IA):

Introducción 4 Repaso 5 Primeros pasos 5 Años 50: El nacimiento de la IA 6 Años 60 y 70: Primeros éxitos y contratiempos 6 Años 90: Internet y más datos 6 Hoy: La IA en la vida cotidiana 7 Definición: ¿Qué es la inteligencia artificial? 8 IA estrecha 9 IA general 10 Super IA 10 Faros del pensamiento: Sabiduría y advertencias del mundo de la IA 13 Tendencias actuales 18 1. Aprendizaje automático en el límite (edge AI): 18 2. Aprendizaje autocontrolado: 21 3. Aprendizaje por transferencia: 24 4. Modelos lingüísticos de próxima generación: 26 5. La explicabilidad y la transparencia: 29 1. Aprendizaje automático en la periferia (IA periférica): 18 2.

Aprendizaje autocontrolado: 21 3. Aprendizaje por transferencia: 24 4. Modelos lingüísticos de nueva generación: 26 5. IA para la sostenibilidad: 29 6. Explicabilidad y transparencia de la IA: 31 7. Realidad aumentada e IA: 34 8. Robótica y sistemas autónomos: 37 Excursus: sistemas multimodales 40 9. Protección de datos e IA: 44 10. Computación cuántica e IA: 46 Mirando al futuro 49 Conclusión: un enfoque integrado para el futuro de la IA 55

Salida de ChatGPT:

Claro, ahora voy a crear una imagen para cada capítulo de tu libro sobre Inteligencia Artificial. Aquí están las descripciones de las imágenes:

Introducción: Una foto que muestra la página abierta de un libro. La página emite una luz suave y cálida que ilumina el espacio alrededor del libro. En la página del libro pueden verse circuitos estilizados y código binario, que simbolizan la conexión entre literatura y tecnología.

Mirando hacia atrás: Un óleo que representa una antigua biblioteca. En el centro del cuadro hay un gran telescopio apuntando hacia el cielo. Simboliza el impulso humano de mirar más allá del horizonte y buscar nuevos conocimientos.

Los comienzos: foto de un taller viejo y polvoriento. Varias piezas mecánicas y herramientas sencillas descansan sobre un banco de trabajo. Un sencillo brazo robótico de los primeros tiempos de la robótica intenta agarrar un cubo.

Década de 1950: **El nacimiento**: Dibujo que muestra a un grupo de científicos en un laboratorio en la década de 1950. Están trabajando en grandes ordenadores con muchos cables y luces parpadeantes. Uno de los científicos señala una pantalla en la que se está ejecutando el primer algoritmo de IA.

Años 60 y 70: primeros éxitos y reveses: Fotografía que muestra un collage de artículos de periódicos y revistas de los años sesenta y setenta. Los titulares hablan de los primeros éxitos de la IA, pero también de los retos y contratiempos de esta época.

Años 90: Internet y más datos: Ilustración del mundo como un globo rodeado de monitores de ordenador. Los monitores muestran varios sitios web, y los flujos

de datos fluyen de los monitores al globo. Simboliza la explosión de Internet y el aumento de datos que influyó en la investigación de la inteligencia artificial.

Hoy: la IA en la vida cotidiana: una foto de la vida cotidiana moderna. Personas de distintos géneros y procedencias utilizan teléfonos inteligentes, relojes inteligentes y otras tecnologías. Al fondo se ven vehículos autónomos y robots realizando tareas cotidianas.

Definición: ¿Qué es la inteligencia artificial? Dibujo que muestra un par de escalas. En un lado de la balanza hay un cerebro humano, en el otro un chip de ordenador. Una bombilla se sitúa por encima de la balanza, simbolizando el momento de la comprensión y la iluminación.

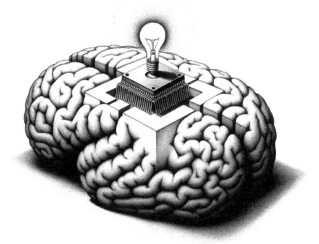

IA estrecha: ilustración que muestra una máquina que realiza tareas específicas a la perfección, como jugar al ajedrez o hacer previsiones meteorológicas. Personas de distintos géneros y procedencias se sitúan alrededor de la máquina y se maravillan de sus habilidades, mientras que en el fondo se muestran otras máquinas que fallan en otras áreas.

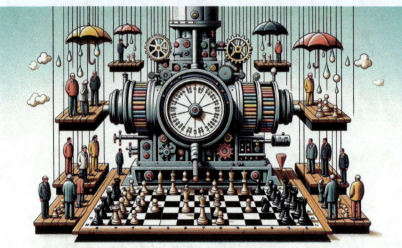

IA fuerte (IA general): Una pintura al óleo que representa una ciudad futurista. Robots y humanos de distintos géneros y procedencias conviven y trabajan en armonía. Los robots muestran emociones y habilidades similares a las humanas.

IA superinteligente (Super AI): Foto que muestra un ordenador gigante en un moderno centro de datos. El ordenador emite una luz brillante y está conectado en red con muchas otras máquinas. Personas de distintos géneros y procedencias permanecen asombradas alrededor del ordenador.

Faros del pensamiento: sabiduría y advertencias del mundo de la IA:
acuarela que representa a un viejo sabio sentado en la cima de una montaña
mirando hacia el valle. En su mano sostiene un libro titulado "AI" e imágenes
holográficas de citas y sabiduría vuelan a su alrededor.

Tendencias actuales: La imagen muestra una conferencia o feria comercial
sobre el tema de la IA, donde personas de distintos géneros y procedencias

examinan las últimas innovaciones en IA.

Aprendizaje automático en los bordes (Edge AI): La ilustración muestra un moderno dispositivo inteligente con circuitos microscópicos visibles en su interior. Simboliza el concepto de "edge computing".

Aprendizaje autocontrolado: la pintura al óleo muestra a una IA reflejándose en un espejo y aprendiendo en el proceso.

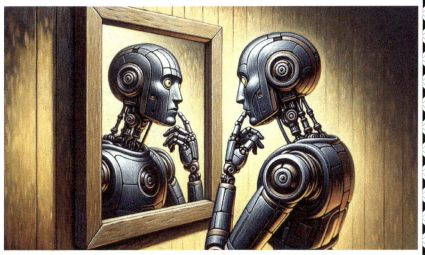

Aprendizaje por transferencia: en el dibujo, un robot enseña a otro transfiriéndole información a través de un cable. Personas de distintos géneros y procedencias observan este proceso.

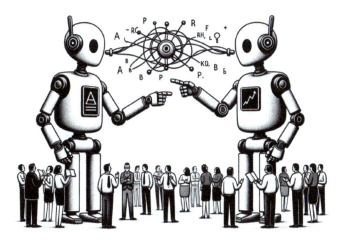

La próxima generación de modelos lingüísticos: una foto que muestra un lugar de trabajo moderno y abierto. Personas de distintos géneros y procedencias están sentadas delante de sus ordenadores con auriculares. En sus pantallas se ven chatbots y programas de reconocimiento de voz. Encima de ellos hay una representación holográfica de formas de onda y patrones del habla.

IA para la sostenibilidad: la ilustración muestra una ciudad verde y floreciente en la que la gente planta árboles y utiliza tecnologías sostenibles.

Explicabilidad y transparencia de la IA: el óleo muestra una IA en forma de robot de cristal. La gente se coloca alrededor del robot y lo estudia atentamente.

Realidad aumentada e IA: La foto muestra a un grupo de personas que llevan gafas especiales y experimentan la realidad aumentada.

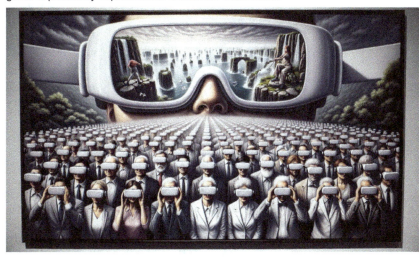

Robótica y sistemas autónomos: foto de una fábrica moderna. Brazos robóticos de diversas formas y tamaños realizan tareas precisas. Personas de distinto sexo y formación supervisan los procesos e interactúan con los robots a través de tabletas y ordenadores.

Excurso: Sistemas multimodales: ilustración que muestra un sistema central de IA conectado a varios sensores, como cámaras, micrófonos y sensores táctiles. El sistema procesa diferentes formatos de entrada simultáneamente y realiza acciones coordinadas.

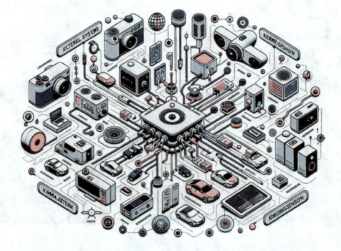

Protección de datos e IA: la pintura al óleo representa una caja fuerte en la que los datos están representados en forma de cubos brillantes. Un brazo robótico intenta acceder, pero un escudo de protección de datos se lo impide.

Informática cuántica e IA: el dibujo muestra un ordenador futurista rodeado de ondas energéticas que la gente observa con interés.

Una mirada al futuro: ilustración de una ciudad futurista por la noche. El horizonte se caracteriza por edificios altos y luminosos. Vehículos autónomos y drones sobrevuelan la ciudad. Personas de distintos géneros y procedencias caminan por calles concurridas e interactúan con pantallas holográficas.

Sostenibilidad ecológica: Foto de una planta verde que crece a partir de un chip de ordenador para ilustrar la conexión entre tecnología y naturaleza. En el fondo hay un diagrama que muestra los principios éticos.

Impacto social: Foto de un grupo heterogéneo de personas que miran sus teléfonos inteligentes mientras los iconos holográficos de varias redes sociales flotan en el fondo.

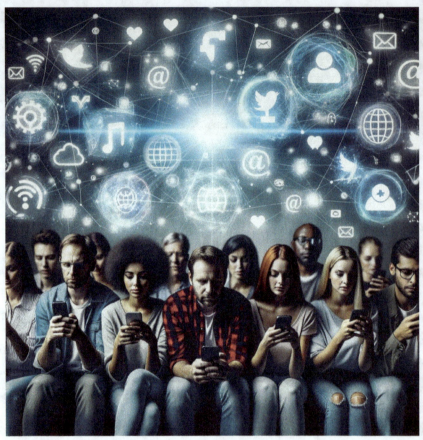

Implicaciones económicas: Una foto de una ciudad moderna con rascacielos, en la que uno de los rascacielos parece un gigantesco brazo robótico apilando monedas.

Impacto psicológico: Ilustración de un cerebro humano conectado a circuitos digitales y junto a él símbolos emocionales como una cara riendo y otra triste.

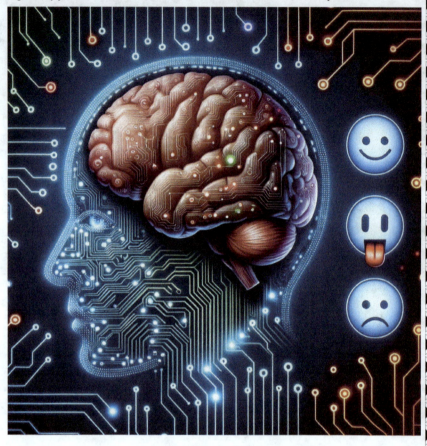

IA y arte: un óleo de un robot pintando sobre un caballete, mientras en el fondo se ven obras de arte clásicas y modernas.

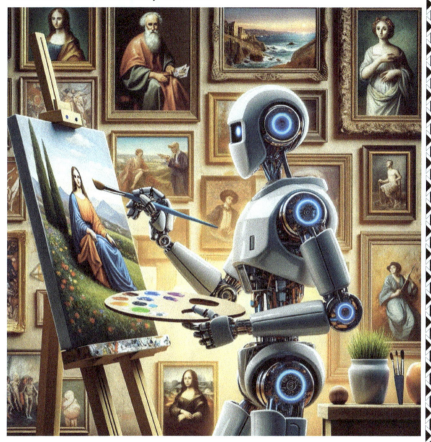

Competición mundial: un mapamundi en el que varios países están conectados por puntos iluminados que representan flujos de datos. Sobre él vuelan drones con las banderas de varios países.

Regulación y legislación: foto de un martillo (que simboliza la legislación) sobre un libro titulado "Regulación de la IA", rodeado de chips informáticos y cables.

Interacción hombre-máquina: dibujo de un humano y un robot dándose la mano, mientras en el fondo flotan símbolos de diversas tecnologías.

Salud y longevidad: Foto de un médico sosteniendo una tableta en la que se ve una aplicación de IA. Al fondo se ven cadenas de ADN y dispositivos médicos.

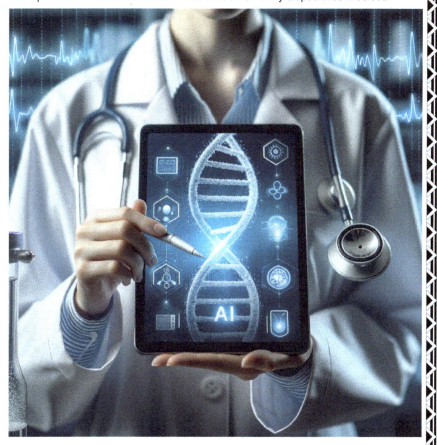

Ciberseguridad: Foto de un símbolo de candado sobre fondo digital, rodeado de código binario y símbolos de advertencia.

Justicia social e IA: dibujo de una balanza con un robot en un lado y varias personas en el otro para representar el equilibrio entre tecnología y humanidad.

Autonomía y autodeterminación: una foto de una persona con gafas de RV mientras navega por un paisaje digital que muestra símbolos de libertad y libertad de elección.

1. **Resumen: Un enfoque integrado para el futuro de la IA**: Una foto que muestra a un grupo de personas en una sala de conferencias muy iluminada. Mantienen un animado debate y señalan una gran pantalla en la que se visualizan diversos conceptos de IA. La sala irradia un ambiente de

colaboración y optimismo.

Así que, la próxima vez que hojee este libro y se encuentre con una de las imágenes, recuerde: detrás de cada imagen hay una tecnología fascinante que difumina cada vez más los límites entre el hombre y la máquina. Vivimos tiempos apasionantes, ¿verdad?

Si quiere profundizar en el mundo de la inteligencia artificial y entender cómo puede utilizarla en su trabajo, como autónomo o para otras aplicaciones especiales, le recomendamos nuestros otros libros.

Nuestros otros libros abarcan una gran variedad de temas y ofrecen orientación práctica sobre cómo aprovechar el poder de la inteligencia artificial para sus propios fines. Cada libro está diseñado no sólo para proporcionarle conocimientos teóricos, sino también para darle herramientas concretas que pueda aplicar inmediatamente en su vida profesional o personal.

Así que, si quiere dar el siguiente paso en este apasionante mundo de la tecnología, eche un vistazo a nuestras otras publicaciones. Podría ser el comienzo de un viaje fascinante.

Your way to become a
prompt expert!

A comprehensive guide for working with
ChatGPT

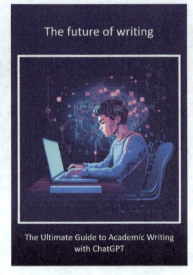

The future of writing

The Ultimate Guide to Academic Writing
with ChatGPT

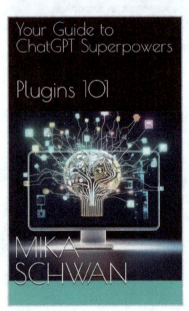

Your Guide to
ChatGPT Superpowers

Plugins 101

MIKA
SCHWAN

MIKA SCHWAN

**Building a
side hustle**

Intelligence,
Innovation,
1.000.000 $

**The AI path to financial
freedom**

UTILIZE THE POWER OF ARTIFICIAL INTELLIGENCE TO BOOST YOUR
INCOME AND PREPARE YOURSELF FOR THE WORKFORCE OF
TOMORROW!

Fuentes de imágenes

[ChatGPT - OpenAI](http://chat.openai.com/) (http://chat.openai.com/), **fecha de acceso: 24 de octubre de 2023.**

Nuestro agradecimiento por su confianza

Estimado lector,

Gracias por su apoyo e interés en nuestro libro sobre inteligencia artificial. Nos complace haber podido compartir nuestras experiencias y conocimientos con usted. Esperamos que el libro le ayude a comprender mejor la IA y a utilizarla con mayor eficacia.

Ha sido un placer compartir nuestras ideas y experiencias con usted en este libro y esperamos que le haya ayudado a profundizar en el tema.

Si desea mantenerse al día de nuestro trabajo en el campo de la inteligencia artificial, puede suscribirse a nuestro boletín electrónico. (https://bit.ly/3Uautfo)

Gracias de nuevo por su apoyo y esperamos volver a verles en el futuro.

 Inscripción alternativa al boletín a través del código QR:

Gracias de nuevo por su apoyo y esperamos volver a verles en el futuro.

Pie de imprenta

Textos: © Copyright de Mika Schwan, Lucas Greif y Andreas Kimmig

Diseño de portada: © Copyright de Mika Schwan, Lucas Greif y Andreas Kimmig

Editorial:

GbR con Lucas Greif, Andreas Kimmig, Philipp Lepold, Mika Schwan

Kuppeheimerstrasse 6

76476 Bischweier

mlap4life@gmail.com